数字化转型贯标培训教材

工业互联网平台选型评估

中国电子信息行业联合会◎主编

人民邮电出版社

北京

图书在版编目（CIP）数据

工业互联网平台选型评估 / 中国电子信息行业联合会主编. -- 北京 : 人民邮电出版社, 2024.3
数字化转型贯标培训教材
ISBN 978-7-115-63909-7

Ⅰ. ①工… Ⅱ. ①中… Ⅲ. ①互联网络－应用－工业发展－教材 Ⅳ. ①F403-39

中国国家版本馆CIP数据核字(2024)第050706号

内 容 提 要

工业互联网平台是制造业数字化转型需求与信息技术迭代催生的产物，随着信息化和工业化的融合，需要新的平台使能工具支撑制造业转型升级。本书重点介绍了工业互联网平台贯标的背景、贯标工作体系、相关标准、贯标流程、评估方法和评估内容，力求使读者了解和掌握工业互联网平台的核心概念、技术和应用。

本书适用于推进数字化转型工作的各级政府、行业协会、贯标咨询机构、贯标评估机构和制造业企业，以及对我国数字化转型发展感兴趣的人士阅读。

◆ 主　　编　中国电子信息行业联合会
　　责任编辑　孙馨宇
　　责任印制　马振武

◆ 人民邮电出版社出版发行　北京市丰台区成寿寺路 11 号
　　邮编　100164　电子邮件　315@ptpress.com.cn
　　网址　https://www.ptpress.com.cn
　　固安县铭成印刷有限公司印刷

◆ 开本：787×1092　1/16
　　印张：15.25　　　　　　　　　2024 年 3 月第 1 版
　　字数：306 千字　　　　　　　2024 年 3 月河北第 1 次印刷

定价：89.90 元

读者服务热线：(010)81055493　印装质量热线：(010)81055316
反盗版热线：(010)81055315
广告经营许可证：京东市监广登字 20170147 号

指导委员会

主　任：陈肇雄
副主任：周子学　高素梅　王建伟

编辑委员会

主　任：王建伟
副主任：廖　凯　何小龙　孙文龙　敖　立　王世江　王蕴辉
　　　　冯　旭　李　炜　阮熙仑　周　剑　常　义
成　员：王程安　邱硕涵　张　羽　苍天竹　侯莹莹　李钰嘉
　　　　孟　龙　杜玉琳　高　阳　周彦飞　宋颖昌　窦克勤
　　　　伍志韬　张伟娜　杜　宇　商广勇　刘品杰　江虹锋
　　　　李　航　张　瑞　夏何均　李鹏翔　周　芸　陶　韬
　　　　王　涛　段超洺　周北川　尚明憬　张　桃　侯晓栋
　　　　肖大勇　刘　婵　叶紫涵　皇甫少辉

丛书序

党中央、国务院高度重视制造业数字化转型。党的二十大报告提出"推进新型工业化""促进数字经济和实体经济深度融合"。2020年6月30日，中央全面深化改革委员会第十四次会议审议通过了《关于深化新一代信息技术与制造业融合发展的指导意见》，会议强调要提升制造业数字化、网络化、智能化发展水平，这为实施制造业数字化转型行动，推动两化深度融合提供了根本遵循。

为深入贯彻党的二十大精神，落实《关于深化新一代信息技术与制造业融合发展的指导意见》《"十四五"信息化和工业化深度融合发展规划》《制造业数字化转型三年行动计划（2021—2023年）》工作任务，进一步释放标准对于数字化转型的支撑引领作用，工业和信息化部信息技术发展司基于两化融合管理体系贯标的成功经验和工作基础，按照"急用先行、成熟先上"的总体思路，遴选产业急需的标准项目开展数字化转型贯标工作，以贯标为牵引，系统提升制造业数字化转型水平，赋能新时代新型工业化发展。

为推动数字化转型贯标工作有序开展，工业和信息化部信息技术发展司联合相关部属单位、标准化技术组织等组建成立数字化转型指导委员会，并推动在中国电子信息行业联合会成立数字化转型贯标工作委员会和数字化转型贯标专家委员会。同时，围绕目前从事数字化转型的制造业企业和工业互联网平台建设运营企业两类主体的转型需求，组建数字化转型成熟度贯标推进工作组和工业互联网平台贯标推进工作组，分别负责数字化转型成熟度贯标和工业互联网平台贯标工作。其中，数字化转型成熟度贯标推进工作组依据《数字化转型 成熟度模型》（T/AIITRE 10004—2023），组织开展数字化转型成熟度标准宣贯和普及推广工作，由国家工业信息安全发展研究中心担任组长单位；工业互联网平台贯标推进工作组依据《工业互联网平台 企业应用水平与绩效评价》（GB/T 41870—2022）和《工业互联网平台选型要求》（GB/T 42562—2023），组织开展工业互联网平台标准宣贯、贯标应用和普及推广工作，由中国电子技术标准化研究院担任组长单位。

本套教材是数字化转型贯标工作的培训材料，适用于推进数字化转型工作的各级政府、行业协会、贯标咨询机构、贯标评估机构及制造业企业，力求使读者系统了解我国数字化转型发展的总体现状，掌握数字化转型的推进方法和演进规律，明确数字化转型的发展方向和未来趋势，以标准为抓手，通过贯标支撑战略规划落地、凝聚转型推进合力、服务产业转型升级，助力新时代新型工业化发展。

由于时间有限，本套教材仍有不足之处，恳请广大读者批评指正。

中国电子信息行业联合会

2023 年 12 月

前言

党中央高度重视工业互联网发展。2023年政府工作报告明确指出要"发展工业互联网，促进产业链和创新链融合，搭建更多共性技术研发平台，提升中小微企业创新能力和专业化水平"。工业互联网平台作为新一代信息技术与制造业融合创新的产物，有利于发挥数字技术对实体经济发展的放大、叠加和倍增作用，已成为推动制造业数字化转型、推进新型工业化的重要载体。为深入贯彻工业互联网创新发展战略，以标准引领带动工业互联网平台高质量发展和规模化应用推广，工业和信息化部信息技术发展司组织开展数字化转型贯标试点，指导成立数字化转型贯标工作委员会和工业互联网贯标推进工作组，推进工业互联网平台领域国家标准贯标推广。

为保障贯标试点工作顺利实施，帮助企业全面了解工业互联网平台、深入理解工业互联网平台标准内容，通过系统性总结工业互联网平台贯标推进工作的理论成果和实施经验，特编制本书。本书分为4篇，具体内容如下。

政策篇重点解读工业互联网政策体系，梳理国家推动工业互联网创新发展的战略规划，帮助读者了解政策，理解国家的发展战略，明晰国家为推动工业互联网发展所采取的相关措施。

平台篇详细讲解工业互联网概念和发展历程，帮助读者理解工业互联网平台，发现工业互联网平台的核心价值和作用。

贯标篇主要介绍工业互联网平台贯标工作内容，帮助企业了解贯标目的、意义与价值。该篇是读者使用相关标准的说明书，贯标实际上就是带领读者理解标准和应用标准，这篇阐明了本次贯标的工作安排和贯标方式，告诉读者什么是贯标，应该如何参与贯标工作，贯标能够带来什么。

标准篇是对《工业互联网平台选型要求》国家标准的解读，帮助读者准确理解标准，通过标准条款告知读者什么样的平台才是好的平台。

本书适合评估人员、咨询人员、企业管理者阅读。希望本书能够帮助评估人员深入学习标准内容，理解标准的含义，帮助评估人员在评估过程中准确把控评估要点，帮助咨询人员精准地为企业解读标准内涵，能够帮助制造业企业快速了解工业互联网，感受工业互联网对企业发展的价值和作用；能够帮助服务业企业了解行业现状，清晰未来的发展方向，也能够基于标准与自身的情况进行对比，不断优化自身的产品。

希望本书能为读者展现工业互联网平台赋能制造业数字化转型的路径和方法，让各位读者能够全面、具体地了解工业互联网平台贯标的目的、思路和体系。理解"以标准为基础，凝聚资源、强化服务供给能力，推动战略发展，促进产业转型升级"的贯标思路，营造基于标准的制造业企业"选平台"、平台企业"建平台"的良好生态。

由于时间和水平有限，疏漏之处在所难免，恳请批评斧正。若有问题咨询，敬请联系数字化转型贯标工作委员会。

目 录

政策篇 ▼

第一章　工业互联网发展政策规划 ………………………………… 2

　　一、国家层面 ……………………………………………………… 2
　　二、地方层面 ……………………………………………………… 4
　　三、总结 …………………………………………………………… 5

平台篇 ▼

第二章　工业互联网发展现状 ……………………………………… 8

　　一、工业互联网的概念 …………………………………………… 8
　　二、工业互联网的体系结构 ……………………………………… 10
　　三、工业互联网平台的技术架构 ………………………………… 11
　　四、工业互联网平台的价值 ……………………………………… 13
　　五、工业互联网平台的分类及特征 ……………………………… 14
　　六、工业互联网平台应用 ………………………………………… 16
　　七、标准赋能产业生态 …………………………………………… 21

贯标篇 ▼

第三章　工业互联网平台贯标 ……………………………………… 26

　　一、系统布局 ……………………………………………………… 26
　　二、贯标背景 ……………………………………………………… 30

三、贯标解读 ………………………………………… 32
四、贯标推进体系 ……………………………………… 36
五、培训体系 …………………………………………… 41
六、开展"四步走"贯标试点 ………………………… 42

标准篇

第四章　工业互联网平台关键技术能力标准 ………… 44
一、边缘管理 …………………………………………… 44
二、基础设施适配 ……………………………………… 68
三、工业大数据管理 …………………………………… 71
四、工业模型开发 ……………………………………… 100
五、工业模型管理 ……………………………………… 107
六、工业数字孪生 ……………………………………… 110
七、应用开发及部署运维能力 ………………………… 122
八、用户与开发者管理能力 …………………………… 129
九、工业App服务能力 ………………………………… 134

第五章　工业互联网平台业务支持能力 ……………… 138
一、产品设计 …………………………………………… 138
二、工艺设计 …………………………………………… 145
三、供应链管理 ………………………………………… 153
四、计划调度 …………………………………………… 158
五、生产管控 …………………………………………… 160
六、质量管控 …………………………………………… 166
七、仓储配送 …………………………………………… 170
八、物流管理 …………………………………………… 177
九、营销管理 …………………………………………… 179
十、设备管理 …………………………………………… 184
十一、产品运维 ………………………………………… 190
十二、客户服务 ………………………………………… 196

十三、组织管理 …………………………………………………… 201

十四、财务管理 …………………………………………………… 206

十五、能源管理 …………………………………………………… 208

十六、安全管控 …………………………………………………… 214

十七、环保管控 …………………………………………………… 222

十八、园区管理 …………………………………………………… 224

结语 ………………………………………………………………… 231

政策篇

第一章 工业互联网发展政策规划

为紧抓全球新一代信息技术发展机遇、扎实推进网络强国建设、促进经济体系优化升级，党中央、国务院大力实施工业互联网创新发展战略，强调要持续提升工业互联网创新能力，推动信息化和工业化在更广范围、更深程度、更高水平上实现融合发展。近年来，我国工业互联网已从"星星之火"形成"燎原之势"，政策体系从国家层面到各地方政府渐趋完善、行业应用由浅入深不断深化。

2017年，国务院印发《国务院关于深化"互联网+先进制造业"发展工业互联网的指导意见》，工业互联网正式上升为国家战略。

2019年10月18日，习近平主席向"工业互联网全球峰会"致贺信中提到，中国高度重视工业互联网创新发展，愿同国际社会一道，持续提升工业互联网创新能力。

2020年，中央政治局会议再次强调要推动工业互联网加快发展。

2021年，《中华人民共和国国民经济和社会发展第十四个五年规划和2035年远景目标纲要》（以下简称"十四五"规划）中提出"在重点行业和区域建设若干国际水准的工业互联网平台"。

2023年，工业互联网连续6年被写入政府工作报告。

一、国家层面

从国家层面对推动工业互联网平台的科学规范化健康发展提出了要求。

1. 政府工作报告

政府工作报告连续6年对工业互联网平台提出了要求。

2018年：加快制造强国建设。推动集成电路、第五代移动通信、飞机发动机、新能源汽车、新材料等产业发展，实施重大短板装备专项工程，推进智能制造，发展工业互联网平台。

2019年：推动传统产业改造提升。围绕推动制造业高质量发展，强化工业基础和技术创新能力，促进先进制造业和现代服务业融合发展，加快建设制造强国。打造工业互联网平台，拓展"智能+"，为制造业转型升级赋能。

2020年：推动制造业升级和新兴产业发展。支持制造业高质量发展。大幅增加制造业中长期贷款。发展工业互联网，推进智能制造，培育新兴产业集群。

2021年：发展工业互联网，促进产业链和创新链融合，搭建更多共性技术研发平台，提升中小微企业创新能力和专业化水平。

2022年：加快发展工业互联网，培育壮大集成电路、人工智能等数字产业，提升关键软硬件技术创新和供给能力。

2023年：支持工业互联网发展，促进制造业数字化智能化。"专精特新"中小企业达7万多家。促进平台经济健康持续发展，发挥其带动就业创业、拓展消费市场、创新生产模式等作用。

2."十四五"规划

"十四五"规划共19篇65章，第三篇"加快发展现代产业体系 巩固壮大实体经济根基"中提出"加快建设新型基础设施""积极稳妥发展工业互联网和车联网"。第五篇"加快数字化发展建设数字中国"中提出"打造数字经济新优势"等要求。

第十五章第三节"推进产业数字化转型"中提出，实施"上云用数赋智"行动，推动数据赋能全产业链协同转型。在重点行业和区域建设若干国际水准的工业互联网平台和数字化转型促进中心，深化研发设计、生产制造、经营管理、市场服务等环节的数字化应用，培育发展个性定制、柔性制造等新模式，加快产业园区数字化改造。

3.《国家标准化发展纲要》

2021年10月，中共中央、国务院印发《国家标准化发展纲要》，为未来15年我国标准化发展设定了目标和蓝图。其中，第三章"提升产业标准化水平"重点规划了"助推新型基础设施提质增效""建立工业互联网标准"等任务，主要内容如下。

引领新产品新业态新模式快速健康发展。实施新产业标准化领航工程，开展新兴产业、未来产业标准化研究，制定一批应用带动的新标准，培育发展新业态新模式。

增强产业链供应链稳定性和产业综合竞争力。发挥关键技术标准在产业协同、技术协作中的纽带和驱动作用，实施标准化助力重点产业稳链工程，促进产业链上下游标准有效衔接，提升产业链供应链现代化水平。

助推新型基础设施提质增效。实施新型基础设施标准化专项行动，加快推进通信网络基础设施、新技术基础设施、算力基础设施等信息基础设施系列标准研制，协同推进融合基础设施标准研制，建立工业互联网标准，制定支撑科学研究、技术研发、产品研制的创新基础设施标准，促进传统基础设施转型升级。

4. 工业和信息化部政策

2018 年 6 月，工业和信息化部发布《工业互联网发展行动计划（2018—2020 年）》。
- ➢ 到 2020 年，初步形成各有侧重、协同集聚发展的工业互联网平台体系。
- ➢ 分期分批遴选 10 个左右跨行业跨领域平台。
- ➢ 培育一批独立经营的企业级平台。
- ➢ 打造工业互联网平台试验测试体系和公共服务体系。

2020 年 3 月，工业和信息化部印发《工业和信息化部办公厅关于推动工业互联网加快发展的通知》。
- ➢ 遴选 10 个跨行业跨领域平台。
- ➢ 发展 50 家重点行业 / 区域平台。

2020 年 12 月，工业和信息化部印发《工业互联网创新发展行动计划（2021—2023 年）》。
- ➢ 实施平台体系壮大行动。
- ➢ 到 2023 年，打造 3～5 家有国际影响力的综合型工业互联网平台、70 个行业区域特色平台、一批特定技术领域专业型平台。

二、地方层面

为响应国家工业互联网平台相关政策，促进地方工业互联网产业发展，建立工业互联网产业生态，北京、湖北、湖南、江西、甘肃和青岛等多地纷纷出台促进工业互联网产业发展的政策。

北京：2021 年 12 月，北京市经济和信息化局印发《北京工业互联网发展行动计划（2021—2023 年）》。
- ➢ 到 2023 年，推进北京工业互联网发展实现"一十百千"目标，将北京建设成为引领全国、影响世界的工业软件创新高地、工业互联网平台赋能高地、工业互联网安全服务高地和工业互联网产业发展高地。
- ➢ 形成 10 个以上面向重点行业的国内一流工业互联网平台，培育 50 个以上具有全国影响力的系统解决方案供应商。

湖北：2021 年 12 月，湖北省人民政府办公厅印发《湖北省 5G + 工业互联网融合发展行动计划（2021—2023 年）》。
- ➢ 力争到 2023 年，全省网络基础设施、产业能力体系、应用场景示范取得明显成效，初步建成全国前列、中部领先的5G+工业互联网融合创新发展新高地。

➤ 建设50家企业级、行业级工业互联网平台，力争建设1~2家国家级双跨平台。

湖南： 2022年3月，湖南省工业和信息化厅发布《湖南省工业互联网"十四五"发展规划》。

➤ 到2025年，覆盖全省、全行业的工业互联网网络基础设施基本建成，成功创建工业互联网国家示范区，工业互联网创新发展水平全国领先、中部领跑。

➤ 支持建设100家以上省级工业互联网平台，实现省级工业互联网平台对"3+3+2"领域现代产业新体系的全覆盖。

江西： 2022年4月，发布《江西省工业互联网强体提能行动计划》。

➤ 到2025年，培育100个左右特色鲜明的工业互联网平台，形成3~4个在全国具有一定影响力的行业工业互联网平台。

甘肃： 2022年1月，甘肃省人民政府办公厅印发《甘肃省"十四五"工业互联网发展规划》。

➤ 到2025年，打造多层次平台体系，培育1~2个具有标杆性的跨行业跨领域平台。重点行业开展工业互联网融合创新应用，打造50个以上应用标杆。

三、总结

截至2022年12月，国家层面（国务院及其直属机构）及20个省级单位共发布60余项工业互联网产业相关政策，主要有以下4个侧重点。

一是筑基础，加强基础设施建设。 加大对工业互联网基础设施建设的投入，包括5G网络、物联网、云计算等技术的应用和推广，为工业互联网提供更加稳定、高效和安全的网络环境。

二是促升级，推动产业升级。 支持工业企业加快数字化转型，推动传统产业向智能化、自动化、柔性化方向发展，提高生产效率和产品质量，促进产业转型升级。

三是强创新，支持创新创业。 加强对工业互联网领域的创新和创业支持，鼓励企业加强技术创新和产品研发，培育一批有国际竞争力的工业互联网企业和品牌。

四是建生态，积极参与国际合作。 推动工业互联网标准的制定和推广，加强与国际组织和其他国家的交流合作，共同推进全球工业互联网的发展。

平台篇

第二章 工业互联网发展现状

一、工业互联网的概念

以互联网为代表的新一代信息技术与制造业加速融合，推动两化融合进入新阶段，工业互联网应运而生。工业互联网是新一代信息通信技术与工业经济深度融合的新型基础设施、应用模式和工业生态，通过对人、机、物、系统等的全面连接，构建起覆盖全产业链、全价值链的全新制造和服务体系，为工业乃至产业数字化、网络化、智能化发展提供了实现途径，是第四次工业革命的重要基石。互联网与工业互联网的关系如图 2-1 所示。

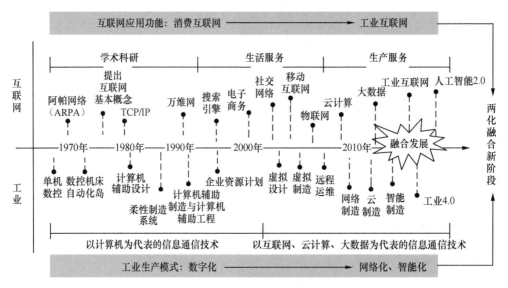

图2-1　互联网与工业互联网的关系

工业互联网不是互联网在工业的简单应用，而是有更丰富的内涵和外延。它以网络为基础、平台为中枢、数据为要素、安全为保障，既是工业数字化、网络化、智能化转型的基础设施，也是互联网、大数据、人工智能与实体经济深度融合的应用模式，还是一种新业态和新产业，将重塑企业形态、供应链和产业链。工业互联网概念全景如图2-2所示。

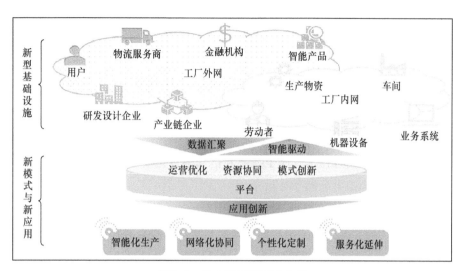

图2-2　工业互联网概念全景

我国信息化和工业化融合发展的历程有3次政策红利，即2013年两化融合管理体系贯标、2015年智能制造工程、2017年工业互联网创新发展战略。这3个历程看似相互独立，实则是不可割裂的，是当前推进制造业数字化转型发展的一个重要逻辑，即"数字化意识导入—数字化技术升级—数字化业务重塑"。可以说，数字化意识导入、数字化技术升级、数字化业务重塑是制造业数字化转型的3个先决条件，如图2-3所示。

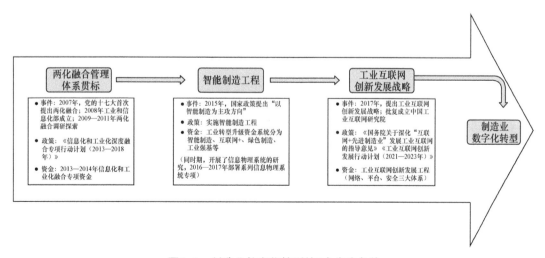

图2-3　制造业数字化转型的3个先决条件

工业互联网平台是面向制造业数字化、网络化、智能化需求，构建基于海量数据采集、汇聚和分析的服务体系，支撑制造资源泛在连接、弹性供给和高效配置的载体，是制造业数字化转型需求与信息技术迭代催生的产物。工业互联网的本质是通过人、机器、产品和业务系统的泛在连接，建立面向工业大数据存储、管理、建模和分析的赋能使能开发环境，将工业研发设计、生产制造、经营管理等领域的知识显性化、模型化和标准化，并封装成面向监测、诊断、预测和决策的各类应用服务，实现制造资源在生产制造全过程、全价值链和全生命周期的全局优化，打造泛在连接、数据驱动、软件定义和平台支撑的制造业新体系。

随着信息化和工业化的融合，制造业转型升级需要新的平台化使能工具支撑制造业新业态的发展，同时，信息技术发展也在不断推动平台化使能工具走向成熟。

工业互联网平台的由来如图2-4所示。

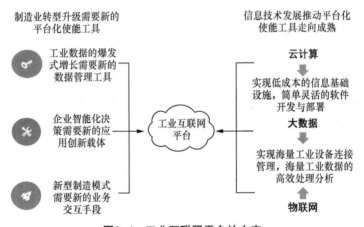

图2-4　工业互联网平台的由来

二、工业互联网的体系结构

工业互联网由网络体系、平台体系和安全体系三大体系构成：网络体系是基础，支撑工业全系统、全产业链、全价值链深度互联；安全体系是保障，支撑工业智能化的安全可信保障；平台体系是核心，作为工业互联网的"中枢神经系统"，是工业智能化发展的核心载体，可汇聚海量数据、实现工业知识软件化与模块化，同时还能支持创新应用的开发与运行。工业互联网的体系结构如图2-5所示。

第二章 工业互联网发展现状

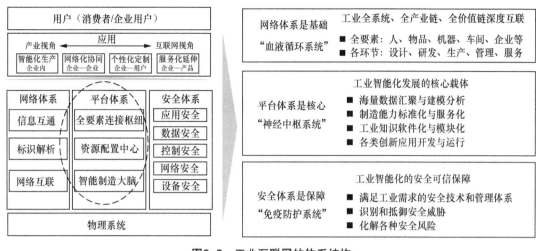

图2-5 工业互联网的体系结构

三、工业互联网平台的技术架构

随着工业互联网的发展，工业App逐渐呈现出知识化、轻量化、灵巧化、独立化、可复用和可移植六大典型特征，并逐步向高支撑价值的安全可靠工业App、基础共性工业App、行业通用工业App和企业专用工业App这4类工业App的方向发展，以此支撑构建工业互联网生态，达到提升大型工业互联网应用创新水平，加快中小型工业互联网应用普及和建设，推广工业互联网平台的目的。工业App的特征及应用如图2-6所示。

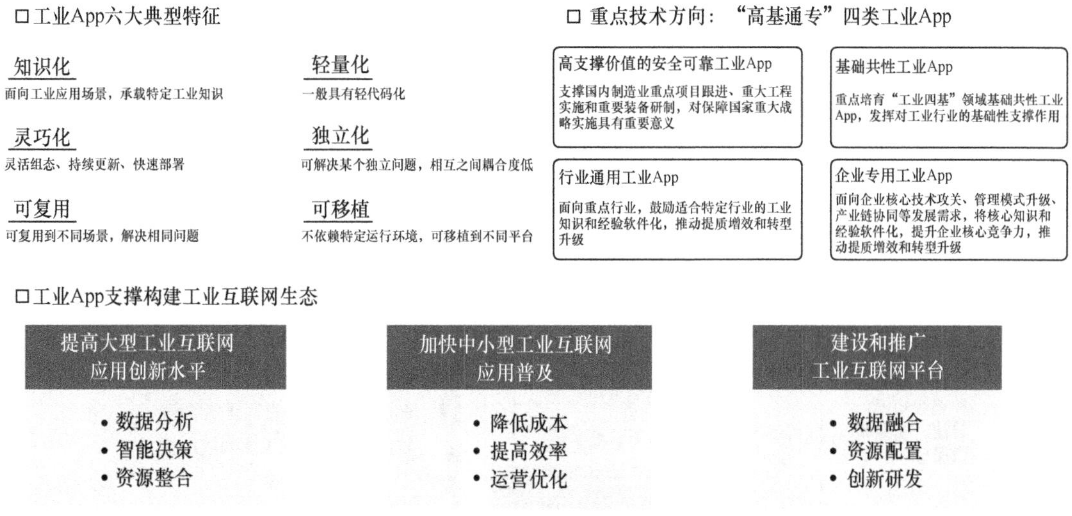

图2-6 工业App的特征及应用

工业互联网平台的技术架构可以简单地概括为"数据+模型=服务"，主要由数据采集层、基础设施即服务（Infrastructure as a Service，IaaS）层、平台即服务（Platform as a Service，PaaS）层、工业 App 组成，如图 2-7 所示。其中，数据采集层是基础；IaaS 层是支撑；PaaS 层是核心，可构建一个可扩展的操作系统，为工业 App 的开发提供一个基础平台；工业 App 是形成满足不同场景应用服务的关键。

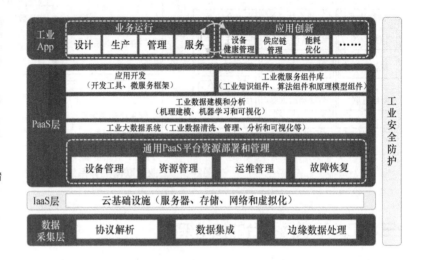

图2-7　工业互联网平台的技术架构

可以把工业互联网平台理解为一个可扩展的工业操作系统：自身承载各种工业知识、算法、模型和微服务，向下实现对各种软硬件资源的接入、控制和管理；向上提供开发接口及存储、计算、工具、资源等支持。同时，工业互联网平台也是软件研发体系向工业领域的拓展，例如，一个大型软件系统在开发的过程中，65% 的编程代码来自对已有各种"软件功能模块"的重复调用，但是在工业研发、生产和服务的过程中，知识复用水平较低，而工业互联网平台的本质就是通过提高工业知识复用水平构建工业知识创造、传播和应用新体系。工业互联网平台的系统架构如图 2-8 所示。

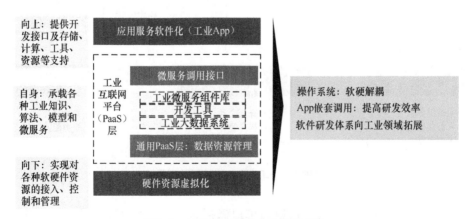

图2-8　工业互联网平台的系统架构

可以通过边缘计算接入软件、硬件、物料和环境等数据，并通过工业互联网平台构建并沉淀数字化模型，这里包括机理模型和数据分析模型，再面向不同的业务场景构建对应的工业App，从而提高现有业务的工作效率，形成新模式和新业态。现有业务优化提升及模式创新与重构如图2-9所示。

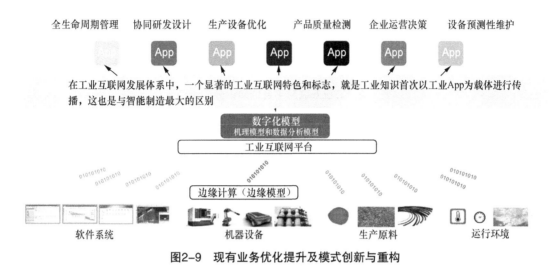

图2-9 现有业务优化提升及模式创新与重构

四、工业互联网平台的价值

工业互联网平台最大的价值就是构建了一个新的交易体系，促进工业技术、知识、经验在更大范围、更宽领域、更深层次上呈现、交易、传播和复用，实现了从基于产品的分工到基于知识的分工。工业研发、设计、仿真、制造和服务等全流程的工业知识、能力能够通过这一体系进行低成本的交易使用。工业互联网平台的价值见表2-1。

表2-1 工业互联网平台的价值

类型	内容	特点	工业互联网平台的价值
交易对象	工业App、微服务组件、数字孪生模型算法等工业技术、知识、经验	组件化呈现、加密化封装、数字化交易	知识、经验、技术与制造过程解耦使得工业知识、经验成为独立的产品且可交易，并为其呈现、交易和传播提供了统一的数字化场所
交易主体	供给方（大型企业、科研院校、开发者）和使用方（大中小企业）	主体显性化、需求清晰化	将遍布于各类研究机构、企事业单位技术、知识的潜在创造主体汇聚到统一的交易场所，促进供需双方快速对接并达成交易
交易成本	由长流程交易转变为短流程交易，实现用户发现、契约签订、交付监督	周期短、效率高、定位准	降低对知识搜寻、定价和获取的成本，打破了传统知识传播、交易的机制壁垒

续表

类型	内容	特点	工业互联网平台的价值
交易价格	按需付费、按期付费	在线化评估、标准化计量	提供完善的评估计量体系及多种服务方式,促进技术和知识的交易流通

工业互联网平台价值的本质是通过知识分工实现的,工业互联网革命性地改变了工业知识的生产方式和交易方式,创造了新的业务模式和商业价值。工业互联网平台的知识分工示例见表2-2。

表2-2 工业互联网平台的知识分工示例

交易对象	交易载体	典型应用
研发设计知识	三维设计、仿真优化、零部件模型等App、参数集、算法包、IP包	Ansys惯性仿真计算
业务逻辑知识	财务管理、供应链管理、客户关系管理等微服务组件	用友财务云、采购云
设备管理知识	故障诊断、寿命预测、维护方案等模型、App	罗克韦尔工厂设备管理
流程制造知识	高炉优化、化工反应、成本核算等工艺参数、原理配方、计算模型	东方国信数字高炉
离散制造知识	刀具管理、质量监测、工业路线优化等模型、算法、App	徐工信息刀具健康诊断

五、工业互联网平台的分类及特征

在平台分类方面,从面向用户群体、应用场景和功能支持3个维度,可以把工业互联网平台划分为跨行业跨领域级类型、行业级类型、企业级类型、专业领域类型和基础性技术类型这5种类型,如图2-10所示。

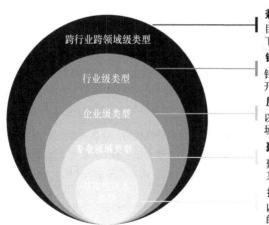

图2-10 工业互联网平台分类

跨行业跨领域工业互联网平台属于国家级平台，兼顾多行业与多领域，是目前最具普适性的平台类型，具备服务工业体系下多行业与多领域的技术能力。目前，全国共有50家左右跨行业跨领域工业互联网平台。

行业级工业互联网平台主要锚定特定细分行业，主要针对工业领域某一细分行业，围绕行业生产特点开展平台服务。行业级工业互联网平台可针对不同行业的生产、管理和服务等需求，提供行业定制化的个性解决方案。根据行业标准，提供符合行业规范的解决方案；通过数据共享和协同工作，实现行业内的资源共享和优化；通过技术创新和业务创新，推动行业的转型升级和发展。工业领域中不同细分行业都有各自独特的知识领域和机理形成的行业门槛，每一个工业场景在不同的行业、不同企业中需求差异较大。锚定工业领域细分行业、厘清行业脉络和了解业务需求是划分工业互联网平台应用模式的理论基础，也是工业互联网解决方案提供商开展平台业务和工业企业进行平台选型的关键。

企业级工业互联网平台主要服务企业自身运营，以服务特定企业为准则，围绕企业业务痛点和场景需求打造工业互联网平台。企业级工业互联网平台特征包括：通过采集、分析、挖掘企业内部和外部的数据，为企业提供决策支持；实现设备之间的互联互通，实现设备的远程监控、控制和管理；通过数字化、网络化、智能化手段，优化企业的生产、管理和服务等业务流程；保障企业数据的安全性、可靠性和完整性；提供一系列服务（例如数据分析、应用开发等），帮助企业实现数字化转型。

专业领域工业互联网平台主要聚焦特定业务环节，聚焦于企业研发设计、经营管理和设备运维等某一业务环节，为这些专业领域打造。专业领域工业互联网平台面向特定行业或领域的应用场景，提供定制化的解决方案，基于行业标准和规范，提供符合行业需求的服务。通过数据分析和挖掘，为企业提供更加精准的决策支持。支持企业内部和外部的数据共享和协同工作，实现资源共享和优化。

基础性技术工业互联网平台提供底层的基础技术，以通用型云平台、大数据平台和AI中台等为代表提供某项或多项基础性技术功能。基础性技术工业互联网平台具有泛在连接、云化服务、知识积累和应用创新等特征，通过物联网、云计算等技术，实现设备、系统和人员之间的全面互联。将数据和应用部署在云端，提供弹性、高可用的服务。通过大数据、人工智能等技术，分析和挖掘生产过程中的数据，形成知识库。通过开放应用程序接口（Application Program Interface，API）等方式，支持第三方开发者开发新的应用和服务。

六、工业互联网平台应用

1. 工业互联网平台应用模式

工业互联网平台应用已实现研发设计、生产制造、经营管理和设备运维等全价值链覆盖,推动生产模式变革和组织管理创新。数字化管理、平台化设计、智能化制造、网络化协同、个性化定制和服务化延伸等新模式新业态不断成熟。

工业互联网平台应用创新模式如图2-11所示。

图2-11 工业互联网平台应用创新模式

在数字化管理方面,平台企业推动制造业企业打通核心数据链,实现覆盖生产制造、产品全生命周期以及供应链的数据贯通,重塑企业的战略决策、组织管理、运营管理和市场服务等活动,推动数字化管理创新,构建数据驱动的高效运营管理模式,切实提升企业管理的能力和效率。数字化管理模式如图2-12所示。

图2-12 数字化管理模式

在平台化设计方面,以高水平高效率的轻量化设计、并行设计、敏捷设计、交互设计和基于模型的设计等路径,着力破解传统设计方式中存在的单线程、慢反馈、低时效、长周期、高成本和设计与生产装配脱节,以及协同修订困难等问题。

通过汇聚人员、算法、模型和任务等设计资源，着力实现云化协同、共享资源和实时交互等，提升大中小企业协同研发设计的效率和质量，降低中小企业的研发设计成本，推动数字交付等新型设计成果的产出。平台化设计模式如图2-13所示。

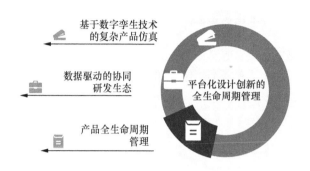

图2-13　平台化设计模式

在智能化制造方面，以强化制造本身的智能化和基于时效反馈的智能制造为路径，着力破解传统制造方式存在的生产运营数据缺失、资产管理方式落后、备品备件库存率高、设备故障率高、生产效率低和设备难以预测性维护等问题。通过新一代信息技术在制造业领域加速创新应用，一方面，智能化制造可以提升生产过程的智能化，凭借感知设备、生产装置、控制系统与管理系统等广泛互联，实现工业现场全要素全环节的动态感知、互联互通、数据集成和智能管控；另一方面，智能化制造可以实现生产环节对市场信息的智能反馈，通过数据分析、决策优化开展生产智能管控和智慧运营决策。智能化制造模式如图2-14所示。

图2-14　智能化制造模式

在网络化协同方面，以强化企业内部协同和全产业链协同为路径，着力破解传统协同方式对人力的过度依赖，解决了协同范围小、效率低、错误率相对较高等问题。通过网络配置用户、订单、设计、生产和经营等各类信息资源，一方面，网络化协同可以提升企业内部协同的效率，打破部门壁垒，动态化组织生产制造，实现资源高效利用，缩短产品交付周期，降低企业生产和交易的成本；另一方面，通过推动供应链企业和合作伙伴共享用户、订单、设计、生产和经营等各类信息资源,提高产业组织柔性和灵活性,加速推动产能共享等新业态的涌现。

在个性化定制方面,以低成本、大批量和高质量的用户需求与生产制造高效协同为路径,着力破解传统生产经营方式中用户个性化需求难以直接传导至生产企业、传统自动化生产线缺乏柔性化难以大规模生产个性化产品的问题。通过企业与用户深度交互等,一方面,个性化定制创新了生产服务模式,实现了用户在产品全生命周期中的深度参与;另一方面,促进以用户为中心的柔性化生产能力,让企业以低成本、高质量和高效率的大批量生产实现产品个性化设计、生产、销售及服务。个性化定制模式如图2-15所示。

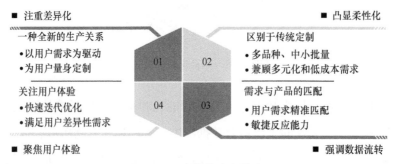

图2-15　个性化定制模式

在服务化延伸方面,以突出效能延伸和价值创新为路径,着力破解传统制造企业难以实时获取用户反馈和产品数据,难以将价值创造环节向微笑曲线两端延伸导致盈利能力不足等问题。通过对智能产品装备的远程互联和数据分析,帮助企业从简单加工组装、单纯出售产品向"制造+服务""产品+服务"转变,形成产品追溯、在线监测、远程运维、预测性维护、设备融资租赁和互联网金融等服务模式,并通过现代供应链管理、共享制造和互联网金融等产业链增值服务,加速无形资产和智力资本转化,向价值链高端迈进。

2. 工业互联网平台是实现数字化转型的有效途径

在路径赋能方面,推进产业数字化转型可以形象地比喻为"育珠、串链、结网"3个方面。育珠是培育数字化企业,串链是构建数字化产业链供应链,结网是面向集群园区打造数字化生态。在实现路径中,工业互联网平台是实现数字化转型的有效途径。通过"平台+企业""平台+产业链供应链""平台+园区",以平台为基础,培育数字化企业、构建数字化产业链供应链,打造数字化生态。基于工业互联网平台的数字化转型途径如图2-16所示。

图2-16 基于工业互联网平台的数字化转型途径

3. 工业互联网平台赋能企业

（1）打造"数字领航"新标杆

2022年8月，工业和信息化部发布《工业和信息化部办公厅关于组织开展2022年新一代信息技术与制造业融合发展试点示范申报工作的通知》，首次设立"数字领航"方向，旨在遴选技术实力强、业务模式优、管理理念新、质量效益高的制造业数字化转型领军企业，通过标杆引领带动制造业数字化、网络化、智能化水平整体提升。30家"数字领航"企业入选，覆盖钢铁、轻工、纺织、电子信息、装备制造、建材、汽车、有色金属和石化化工等重点行业。所有"数字领航"企业均搭建了工业互联网平台，在平台赋能下实现较高水平、全要素、全流程和全生态数字化转型，打造了平台应用新标杆。"数字领航"企业名单见表2-3。

表2-3 "数字领航"企业名单

编号	行业	企业名称	项目名称
1	轻工	海尔智家股份有限公司	海尔智家全域数字化转型领航示范项目
2		广东美的制冷设备有限公司	空调信息化数字领航试点示范
3		TCL实业控股股份有限公司	家电产业链全生态数字化转型项目
4		黑龙江飞鹤乳业有限公司	基于飞鹤乳业"3+2+2"模式的全生态数字化转型发展试点示范项目
5	纺织	波司登羽绒服装有限公司	数字赋能品牌服装研产销全价值链协同项目
6		雅戈尔服装制造有限公司	5G服装全连接工厂
7	电子信息	江苏中天科技股份有限公司	数字领航智能制造
8		武汉华星光电技术有限公司	半导体显示行业"数字领航"企业试点示范项目
9		浪潮电子信息产业股份有限公司	浪潮JDM模式下的数字化转型项目

续表

编号	行业	企业名称	项目名称
10	钢铁	石家庄钢铁有限责任公司	数智化绿色短流程特钢领航企业
11		南京钢铁股份有限公司	全要素全价值链的钢铁智造运营生态构建
12		宝山钢铁股份有限公司	基于工业互联网平台的智能全流程数字钢厂
13	有色金属	江西铜业股份有限公司贵溪冶炼厂	数字赋能 打造铜冶炼智能工厂
14	石化化工	赛轮集团股份有限公司	橡胶轮胎行业数字化转型领航企业
15		中国石化镇海炼化分公司	炼化行业智能制造试点示范
16	建材	安徽海螺集团有限责任公司	平台化智慧化建材行业数字化转型项目
17		华新水泥股份有限公司	水泥低碳制造智能化关键技术创新与融合
18	装备制造	中车青岛四方机车车辆股份有限公司	轨道交通装备行业数字化转型示范企业建设
19		三一集团有限公司	三一集团数智化转型新实践项目
20		中信重工机械股份有限公司	离散型装备智能制造新模式
21		中联重科股份有限公司	基于工业互联网的中联重科数字化转型试点示范
22		成都飞机工业（集团）有限责任公司	融合新一代信息技术的航空装备制造企业数字化转型实践
23		西安陕鼓动力股份有限公司	陕鼓绿色智能制造工业互联网平台
24		武汉船用机械有限公司	船海工程机电设备数字化转型示范应用
25		沈阳新松机器人自动化股份有限公司	机器人制造数字化管控互联互通工厂
26	汽车	浙江春风动力股份有限公司	春风动力数字化领航项目
27		中信戴卡股份有限公司	轻量化铝制汽车零部件智能制造领航企业
28		陕西法士特汽车传动集团有限责任公司	商用车先进制造与信息技术融合的智能工厂创新应用
29		长城汽车股份有限公司	数智化整车研发制造
30		四川领吉汽车制造有限公司	基于双跨工业互联网平台的汽车数字领航企业试点示范

（2）锻造"专精特新"新引擎

在中小企业赋能方面，中小企业占比量大面广，是我国国民经济的重要组成部分，也是数字化转型中的"轻骑兵"，但由于其数字化转型基础薄弱、需求各异，长期面临"不愿转、不敢转、不会转"的问题。工业互联网平台可以为中小企业提供"小快精准"的轻量化工业 App 和解决方案，降低企业改造成本和费用，从而提升它们上平台和用平台的意愿，可以说，工业互联网平台可以为中小企业协同发展、提升供给、综合赋能提供支撑，从而激发中小企业数字化转型的潜能。

协同发展。工业互联网平台通过打通产业链供应链上下游、大中小企业之间的数据壁垒，整合要素资源，促进产业链供应链协同发展，提高产业链供应链的整体效能。

提升供给。平台企业不断增强供需匹配度，研制轻量化应用，根据中小企业的具体特征和实际需求，不断深化生态合作。

综合赋能。平台企业利用自身的先发优势，整合产业链上下游信息，将信息资源向上下游不断输出从而创造价值。

（3）打造"互利共赢"新生态

在赋能园区方面，园区作为社会的细胞单元，连接了个人、企业和政府等不同主体。"平台+园区"有利于加快新一代信息技术的应用和赋能，推动园区成为物理世界、人文世界和数字世界三位一体的"数字孪生空间"，将为智慧城市的建设运营提供有力支撑。园区平台化发展思路如图2-17所示。

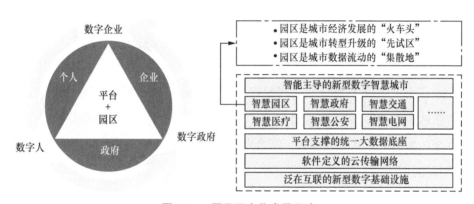

图2-17　园区平台化发展思路

七、标准赋能产业生态

1. 平台规模持续增长

深入实施工业互联网创新发展战略，开展制造业与互联网融合发展试点示范、跨行业跨领域工业互联网平台遴选、新一代信息技术与制造业融合发展试点示范等工作。经过2019年、2020年、2022年和2023年共4年的评选，共遴选出176个特色专业型工业互联网平台，其中，149个面向重点行业的特色工业互联网平台、27个面向重点区域的特色工业互联网平台、44家面向特定领域的专业型工业互联网平台。

2. 核心能力自主创新

实施工业互联网创新发展工程，截至2022年年底，在平台方向已累计支持建设达到

244 个项目，其中，中央财政已支持 74.6 亿元，带动社会资本投资超过 280 亿元。工业互联网平台与人工智能、大数据和云计算等新一代信息技术有效融合。

截至 2022 年年底，32 家重点工业互联网平台共服务企业 765.96 万 / 家次，工业设备连接 8049.60 万台，工业 App 29.33 万个，工业模型 85.16 万个。

3. 区域赋能走深走实

开展"平台 + 基地"试点项目遴选工作，共遴选 23 个赋能区域数字化转型优秀项目。打造"平台 + 园区"应用标杆，遴选 24 个工业互联网平台 + 园区 / 产业集群试点示范。开展多场工业互联网平台进园区活动、全国"工业互联网平台 + 园区"赋能深度行活动。先后支持长三角、山东、广东、成渝、京津冀、湖南等地创建工业互联网示范区。

4. 生态环境不断向好

2021 年 4 月 9 日，在工业和信息化部信息技术发展司的指导下，工业和信息化部属事业单位、工业互联网平台企业共同发起成立了工业互联网平台创新合作中心。目前，成员单位已达 1046 家，成立技术组 17 个，推进工业互联网平台落地推广。

举办金砖国家工业互联网与数字制造发展论坛、两化融合暨数字化转型大会等活动，促进供需对接，打造良好生态。

依托工业互联网创新发展工程专项，建成 7 个工业互联网平台应用创新体验中心、12 个工业互联网平台应用创新推广中心和 5 个人才实训基地。

5. 标准化理论研究走在前

在工业互联网平台良好发展态势下，平台的标准化工作早在 2017 年就已开展研究。2018 年，中国电子技术标准化研究院联合相关单位开展深入研究，并将研究成果编制形成《工业互联网平台标准化白皮书》，目的是为"政、产、学、研、用"各方组织开展工业互联网平台标准化工作提供支持，更好地服务于我国工业互联网平台建设和推广，为构建可持续发展的工业互联网平台生态做出积极贡献。

在工业互联网综合标准体系方面，《工业互联网综合标准化体系建设指南（2021 版）》明确平台标准，包括工业设备接入上云、工业大数据、工业机理模型与组件、工业数字孪生、工业微服务与开发环境、工业 App、平台服务与应用等标准。工业互联网平台标准体系如图 2-18 所示。

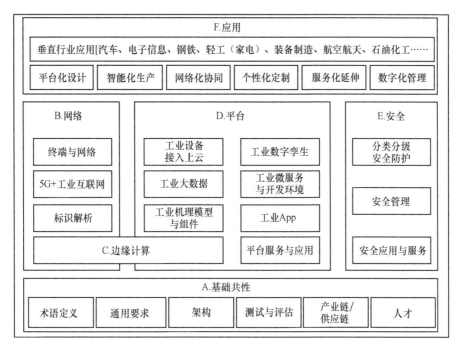

图2-18 工业互联网平台标准体系

6. 营造良好标准化生态

在组织方面,成立融合技术和应用标准工作组。融合技术和应用标准工作组是隶属于全国信息技术标准化技术委员会(TC28)下的标准工作组织。面向我国融合技术和应用相关产业发展的需求,开展融合技术和应用相关技术和标准的研究,制定和完善我国融合技术和应用标准体系。建设"标准化+"工作站,支持标准化机构与地方联合建设"标准化+"工作站,以轻量化的方式对外提供平台化的标准赋能服务。为企业掌握标准动态、查询标准内容、整合标准资源和开展标准培训提供服务。

2022年11月,成立全国首个数字化转型"标准化+"联合工作站(青岛站),工作站将统筹青岛制造业数字化转型领域国家标准制修订、试验验证和应用推广工作,营造青岛市企业"用标准、写标准、做标准"的标准化生态,创建"标准化+政策""标准化+行业""标准化+企业"等标准赋能新模式新业态,筑造产业与标准间的"桥梁纽带"。

7. 标准建设初见成效

目前,已发布和已立项工业互联网平台领域国家标准22项,行业标准25项。信息技术领域的标准加速研制和推广中。标准成果如图2-19所示。

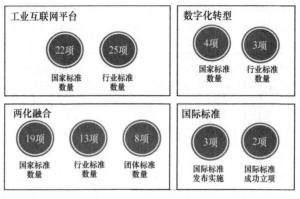

图2-19 标准成果

贯标篇

第三章 工业互联网平台贯标

一、系统布局

当前,工业互联网平台已成为推动实体经济高质量发展的关键支撑。加快构建基于工业互联网平台的制造业新生态,关键在于数据联得通、平台建得规范、企业用得好、生态建得强。工业互联网平台标准工作已有一系列成果,需要开展贯标工作,解决企业"寻标无门""望标兴叹"等问题。在此次工业互联网平台贯标工作中,我们从平台建得规范和企业用得好这两个迫切需求出发,在已发布的成熟标准中,选取了《工业互联网平台 企业应用水平与绩效评价》与《工业互联网平台选型要求》2项国家标准开展综合协同贯标,如图3-1所示。

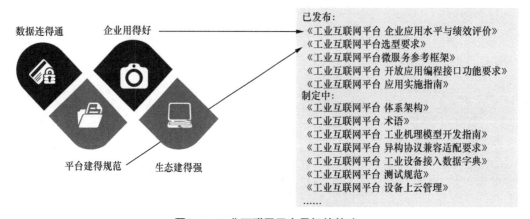

图3-1 工业互联网平台贯标的基础

中国电子技术标准化研究院作为工业互联网平台贯标推进工作组组长单位,组织开展工业互联网平台应用水平评价标准宣贯、贯标应用和普及推广工作。坚持以用户为中心,以市场为主体,坚持创新与协调发展结合,也就是在后续贯标工作中,平台标准成熟一个将会实贯一个,并与已有标准保持协调一致。

以用户为中心。工业互联网平台贯标工作应该以用户需求为导向,以用户视角遴选成熟标准,为需求侧提供更好的用户体验和服务,满足平台用户的实际需求和期望。

以市场为主体。针对工业互联网平台市场需求和竞争情况,定制化贯标工作方向和服务形式,发挥地方主管部门和服务机构的能动性,保持贯标的可持续性和生命力。

坚持创新与协调发展相结合。持续推进工业互联网领域技术创新和标准研究,成熟一个标准就宣贯一个标准,同时加强相关标准化组织的沟通协调,提高市场急需标准的宣贯效率和质量。

以应用为牵引,开展《工业互联网平台 企业应用水平与绩效评价》国家标准宣贯,提升平台应用的效能。

以需求为导向,开展《工业互联网平台选型要求》国家标准宣贯,提高平台的技术能力和业务支撑能力。

基于上述贯标工作的目的和原则,提出平台建设的总体思路,即一条主线、三类平台、三类App、四类测试验证、五大公共服务、十大设备上云和一个生态体系。平台建设的总体思路如图3-2所示。

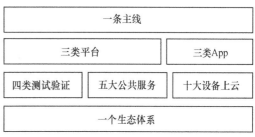

图3-2 平台建设的总体思路

一条主线是"建平台""用平台""测平台"协同推进。在跨行业跨领域工业互联网平台培育方面,出台工业互联网平台遴选标准,培育具有国际竞争力的跨行业跨领域工业互联网平台;在工业互联网平台应用推广方面,努力实现百万家工业企业上云,培育一批平台化应用新模式新业态;在工业互联网平台试验测试方面,通过工业互联网创新发展工程,基本建成工业互联网平台试验测试体系,支持建设一批工业互联网平台试验测试环境和测试床。一条主线如图3-3所示。

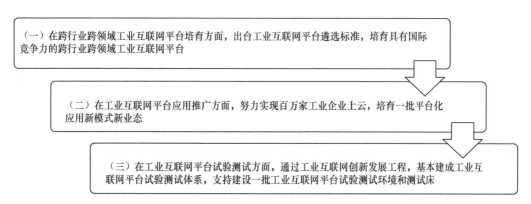

图3-3 一条主线

三类平台是指跨行业跨领域工业互联网平台、行业/区域特色工业互联网平台和技术专业型工业互联网平台。跨行业跨领域工业互联网平台的重心在定规范、树标杆、建社区、重宣传和促协同5个方面。

行业/区域特色工业互联网平台和技术专业型工业互联网平台的工作重心在重引导、定标准和建示范3个方面。三类平台如图3-4所示。

跨行业跨领域工业互联网平台
- 定规范：制定跨行业跨领域工业互联网平台评价指南
- 树标杆：遴选跨行业跨领域工业互联网平台
- 建社区：支持建设开源社区
- 重宣传：开展工业互联网平台应用试点示范以及应用现场会
- 促协同：研究制定工业互联网平台互联互通规范、数据迁移规范和行业准则

行业/区域特色工业互联网平台　　　技术专业型工业互联网平台
- 重引导：行业组织发布重点行业工业互联网平台名录，引导行业骨干企业建设工业互联网平台，鼓励支持一批特定技术平台
- 定标准：组织制定工业互联网平台服务能力规范，支持开展工业互联网平台能力成熟度评价
- 建示范：开展工业互联网平台应用试点示范

图3-4　三类平台

三类工业App针对的是基础共性工业App资源地、行业通用工业App资源地和企业专用工业App。基础共性工业App资源地包含工业基础原理、关键基础材料、核心基础零部件（元器件）、先进基础工艺、产业技术基础五大领域，其目的是加快共性工业App以及微服务组件的开发、汇集和共享。行业通用工业App资源地覆盖装备、轨道交通、汽车等离散行业和钢铁、冶金、石化等流程行业，其目的是提升行业技术、工艺和经验等共性知识供给能力。企业专用工业App的出发点是特定行业、特定场景的应用需求，落脚点是加快专用工业App在工业互联网平台开发、测试、部署和应用推广。三类App如图3-5所示。

基础共性工业App资源地
- 五大领域：工业基础原理、关键基础材料、核心基础零部件（元器件）、先进基础工艺、产业技术基础
- 两类方式：政府购买服务、建设开源社区
- 实现目标：加快共性工业App以及微服务组件的开发、汇集和共享

行业通用工业App资源地
- 两类行业：装备、轨道交通、汽车等离散行业和钢铁、冶金、石化等流程行业
- 两类应用：设计制造协同、生产管理优化、设备健康管理、产品增值服务、制造能力交易等离散行业通用 状态监测、故障诊断、预测预警、工艺优化、质量控制、节能减排等流程行业通用
- 实现目标：提升行业技术、工艺和经验等共性知识供给能力

企业专用工业App
- 出发点：特定行业、特定场景的应用需求
- 参与者：工业互联网平台、第三方开发者和用户企业加强对接合作
- 落脚点：加快专用工业App在工业互联网平台开发、测试、部署和应用推广

图3-5　三类App

开展四类验证测试包括跨行业跨领域平台试验测试环境，面向特定行业的平台试验测试环境，面向特定区域的平台试验测试环境和面向特定工业场景的平台测试床，以此实现推动平台性能优化、兼容适配和规模应用，加速技术产业成熟，打造协同创新生态。四类验证测试见表3-1。

表3-1　四类验证测试

测试类	测试主体	测试内容	测试目的
跨行业跨领域平台试验测试环境	支持制造企业、自动化企业、ICT企业等牵头	开展平台功能完整性、兼容适配性和安全可靠性等测试	推动平台间数据可迁移、服务可调用，促进平台规模化应用推广
面向特定行业的平台试验测试环境	支持钢铁、石化、电子、装备、汽车、轻工等行业龙头企业	开展平台核心能力、行业解决方案和供应链协同服务等试验测试	开发一批面向设备机理和行业经验模型的测试工具和用例，促进工业知识沉淀和复用
面向特定区域的平台试验测试环境	支持地方工业产业集聚区	开展基于平台的异构设备接入、软件工具共享和业务在线协同等试验测试	带动区域产业集聚和企业转型升级
面向特定工业场景的平台测试床	支持制造企业、自动化企业、ICT企业等牵头	开展面向5G、时间敏感网络、人工智能、区块链等前沿技术应用，以及设备预测性维护、质量检测、智能排产和能源优化等单个场景的测试验证	推动形成基于平台的轻量级、模块化、低成本工业App及解决方案

五大公共支撑体系包括标准管理、大数据管理服务、质量管理服务、平台基础及创新服务和监测分析。在工业互联网平台建设、应用和推广中，标准管理是前提，平台基础及创新技术服务是基础，监测分析是重点，大数据管理服务是核心，质量管理服务是保障。五大公共支撑体系如图3-6所示。

图3-6　五大公共支撑体系

推动十大工业设备上云的核心目的是通过制定分行业、分领域重点工业设备数据云端迁移指南，鼓励平台企业在线发布核心设备运行绩效榜单和最佳工艺方案，支持建设重点工业设备运营维护资深专家资源库，实现十大工业设备率先上云上平台，以此推动工业设备的数字化发展进程。十大工业设备上云如图 3-7 所示。

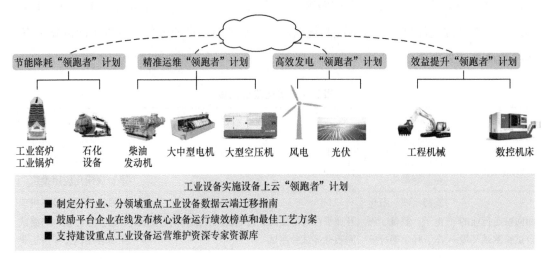

图3-7　十大工业设备上云

打造一个平台生态体系是通过培育开源社区、举办创新竞赛、推动平台间合作、加强平台产融合作等举措，营造良好发展环境，打造基于工业互联网平台的制造新生态。一个生态体系如图 3-8 所示。

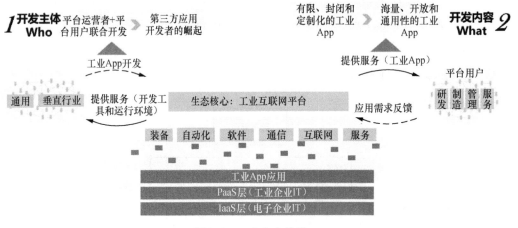

图3-8　一个生态体系

二、贯标背景

从工业互联网的作用本质上考虑，工业互联网平台的最大价值是构建了一个工业技术、数据和能力等资源的交易平台，实现了从基于产品的分工到基于知识的分工，工业研发、设计、仿真、制造和服务等工业知识以工业 App 的形式呈现并交易，指导企业构建数字化时代下的新型工业知识交易体系。这个过程使工业互联网有效降低了企业的外部交易成本，提升了企业的竞争力。工业互联网作用本质如图3-9所示。

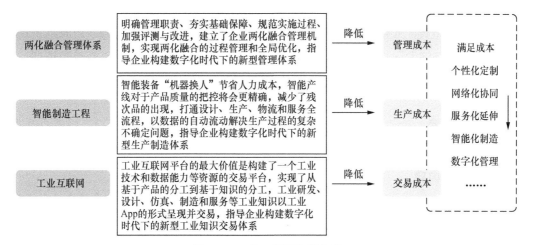

图3-9　工业互联网作用本质

从工业互联网的应用价值上考虑工业互联网架构灵活、数据驱动，为企业降本、增效、提质和创新。与传统自动化与工业软件的IT架构方案相比，工业互联网部署于"云端+边缘"，以"大平台+小App"的架构提供丰富便捷的开发工具及开放API，充分满足了企业灵活、复杂、经济和创新的数字化应用需求。工业互联网平台价值体现如图3-10所示。

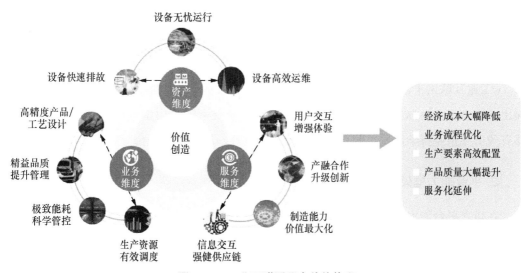

图3-10　工业互联网平台价值体现

综上所述，工业互联网能够推进传统工业转型升级，实现各种生产和服务资源在更大范围、更高效率和更加精准的配置优化，推动制造业高端化、智能化和绿色化，大幅提升工业经济发展质量和效益。工业互联网是成为网络强国建设的重要内容，加速网络演进升级，促进人与人互联的公众互联网、物与物互联的物联网，向人、机、物和系统等的全面互联拓展，大幅提升网络设施的支撑服务能力。工业互联网能够拓展数字经济空间，为数字经济发展提供新动力和新空间。工业互联网能够促进产业升级和转型，推动新兴产业发展壮大。

三、贯标解读

1. 贯标的内容

工业互联网平台贯标以《工业互联网平台选型要求》（GB/T 42562—2023）标准为主，《工业互联网平台 企业应用水平与绩效评价》（GB/T 41870—2022）为辅。

2023 年 5 月 23 日，国家标准化管理委员会发布中华人民共和国国家标准公告（2023 年第 2 号），由中国电子技术标准化研究院牵头的《工业互联网平台选型要求》正式获批发布，该标准规定了工业互联网平台的选型原则和选型流程，明确了工业互联网平台应满足的九大关键技术能力和基于平台对企业赋能的 18 项业务支持能力，可适配不同相关方，为工业互联网平台供给方"建能力"、需求方"选平台"提供参考，帮助企业评价工业互联网平台赋能水平，选择适宜自身的工业互联网平台，也适用于工业互联网平台服务商提升服务能力。

下一步，工业和信息化部信息技术发展司将指导有关起草单位，继续做好工业互联网平台领域重点标准研制和宣贯推广工作，加速推进工业互联网平台创新发展，为我国新型工业化建设夯实技术底座。

《工业互联网平台企业 应用水平与绩效评价》可引导企业加快建立上云上平台机制，提出了覆盖工业互联网平台应用全局、全过程、全要素的应用水平与绩效评价体系，能够有效引导企业科学评价工业互联网平台应用成效，加速推进平台应用"走深向实"。

2. 平台能力框架构建路径

在建立平台能力框架的过程中，融合 GB/T 42562—2023 和 GB/T 41870—2022 两项标准的主要内容，按照"目标分析—需求分析—能力框架"的路径构建能力框架，如图 3-11 所示。

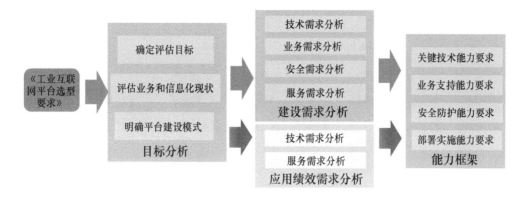

图3-11 平台能力框架构建路径

3. 平台贯标等级划分

从技术和业务两个维度的发展趋势，建立平台贯标星级跃升坐标图，以"互"加深技术联通，以"融"拓展业务汇聚，技术维度分为"设备互联—数据互通—模型互融—服务互享—生态互筑"5个层级，应用维度分为"局部融通—多点融汇—体系融合—模式融新—生态融活"5个层级，两者一一映射，协同推进平台贯标1星～5星的等级划分和不断提升。星级坐标如图3-12所示。

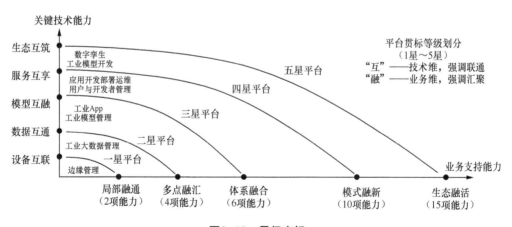

图3-12 星级坐标

《工业互联网平台选型要求》标准共具有9项关键技术能力和18项业务支持能力。9项关键技术能力如图3-13所示，18项业务支持能力如图3-14所示。

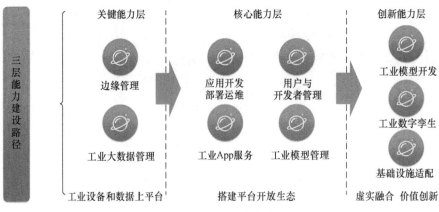

图3-13　9项关键技术能力

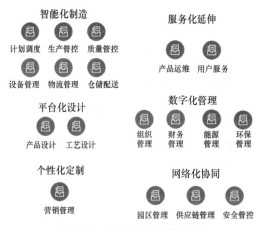

图3-14　18项业务支持能力

从技术能力来看，平台首先解决设备接入和数据融合问题，其次是构建平台生态，继承工业软件和模型，最后是突破模型开发和数字孪生等工业智能核心技术。

从业务上来看，首先支持制造业急需的智能制造能力，然后是扩展到供应链和园区等赋能双链的能力，最后是从生产延伸到企业全业务和产业上下游，支持制造业深度转型。平台评估能力项如图 3-15 所示。

根据星级评估要求，每一个星级对于关键技术能力和业务支持能力都具备必选项和可选项。

一星平台要求必须具备关键技术能力中的边缘管理能力。

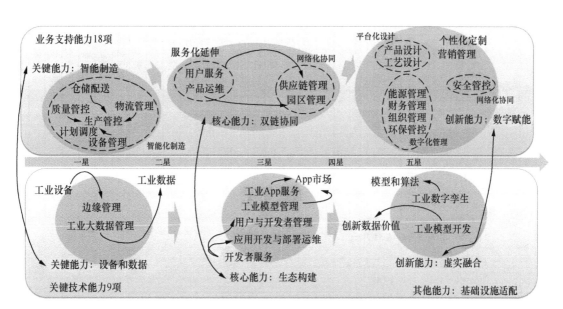

图3-15 平台评估能力项

二星平台要求必须具备关键技术能力中的边缘管理能力和工业大数据管理能力，业务支持能力中的生产管控能力和设备管理能力。

三星平台要求必须具备边缘管理能力、工业大数据管理能力、工业模型管理能力和工业App服务能力，业务支持能力中的供应链管理能力、生产管控能力、设备管理能力和园区管理能力。

四星平台必须具备边缘管理能力、工业大数据管理能力、工业模型管理能力、应用开发与部署运维能力、用户与开发者管理能力和工业App服务能力，业务支持能力中的供应链管理能力、计划调度能力、生产管控能力、质量管控能力、仓储配送能力、物流管理能力、设备管理能力和园区管理能力。

五星平台必须具备边缘管理能力、基础设施适配能力、工业大数据管理能力、工业模型管理能力、工业数字孪生能力、应用开发与部署运维能力、用户与开发者管理能力和工业App服务能力，业务支持能力中的产品设计能力、工艺设计能力、供应链管理能力、计划调度能力、生产管控能力、质量管控能力、仓储配送能力、物流管理能力、设备管理能力和园区管理能力。

平台星级能力项如图3-16所示。

推荐能力清单

	关键技术能力									业务支持能力																		
● 必选项 ○ 可选项	边缘管理	基础设施适配	工业大数据管理	工业模型开发	工业模型管理	工业数字孪生	应用开发与部署运维	用户与开发者管理	工业App服务	产品设计	工艺设计	供应链管理	计划调度	生产管控	质量管控	仓储配送	物流管理	营销管理	设备管理	产品运维	客户服务	组织管理	财务管理	能源管理	安全管控	环保管控	园区管理
一星	●	○	○	○	○	○	○	○	○	○	○	○	○	○	○	○	○	○	○	○	○	○	○	○	○	○	○
一星 注	注：需在可选项中至少选择1个能力，并满足标准条款基础要求									注：需在可选项中至少选择2个能力，并满足标准条款基础要求																	
二星	●	○	●	○	○	○	○	○	○	●	○	○	○	●	○	○	○	○	●	○	○	○	○	○	○	○	○
二星 注	注：除满足必选项，需在可选项中额外选择至少1个能力，并满足标准条款基础要求									注：除满足必选项，需在可选项中额外选择至少2个能力，并满足标准条款基础要求																	
三星	●	●	●	●	●	●	●	●	●	●	○	○	●	●	●	○	○	○	●	○	○	○	○	○	○	○	○
三星 注	注：需满足必选能力和基础要求									注：除满足必选项，需在可选项中额外选择至少2个能力，并满足标准条款基础要求																	
四星	●	●	●	●	●	●	●	●	●	●	●	●	●	●	●	●	●	●	●	●	●	●	●	●	●	●	●
四星 注	注：需满足必选能力和基础要求									注：需满足必选能力和基础要求																	
五星	●	●	●	●	●	●	●	●	●	●	●	●	●	●	●	●	●	●	●	●	●	●	●	●	●	●	●
五星 注	注：所选能力应满足进阶要求（至少覆盖90%"宜"条款）									注：除满足必选项，需在可选项中额外选择至少1个能力，并满足标准条款基础要求																	

图3-16　平台星级能力项

四、贯标推进体系

1. 标准推进工作组

工业互联网平台贯标推进工作组负责组织开展工业互联网平台应用水平评价标准宣贯、贯标应用和普及推广工作。由中国电子技术标准化研究院担任该贯标推进工作组组长单位。

副组长单位包括国家工业信息安全发展研究中心、中国信息通信研究院、中国电子信息产业发展研究院、工业和信息化部电子第五研究所、中小企业发展促进中心、中国工业互联网研究院、中国电子信息行业联合会、中关村信息技术和实体经济融合发展联盟、中关村数字经济产业联盟。贯标推进工作组工作流程如图3-17所示。

2. 试点工作任务

制定方案。试点省市、试点行业根据各省市各行业的数字化转型贯标试点工作要求制定具体的工作方案，细化任务举措、完善配套措施。

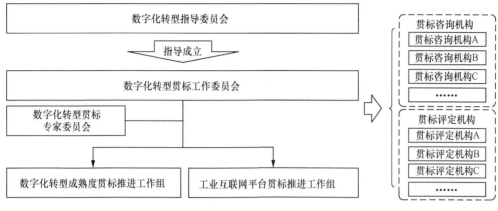

图3-17 贯标推进工作组工作流程

开展贯标。试点省市、试点行业按照工作方案组织开展数字化转型贯标培训，培育完善数字化转型贯标服务体系，推动试点企业有序开展数字化转型成熟度贯标和工业互联网平台贯标。本次数字化转型贯标试点工作周期半年。

总结成效。试点省市、试点行业应在2022年年底如期完成试点工作任务，并将数字化转型贯标试点总结报告报工业和信息化部信息技术发展司。

普及推广。试点省市、试点行业及时梳理总结数字化转型贯标成效，选择优秀贯标案例提炼典型经验做法、向全国示范推广，并推动数字化转型贯标成果社会采信。

3. 贯标评估

评估性质。基于《工业互联网平台选型要求》和《工业互联网平台 企业应用水平与绩效评价》这两个标准开展第三方标准符合性评估活动。

评估方式。通过人员访谈、系统演示、文件评阅等方式验证企业工业互联网平台建设水平，帮助企业对标识别能力短板。

评估收获。通过开展评估与标准对标，进行差距分析，确定下一步改进方向，持续提升工业互联网平台技术能力和业务支持能力。

4. 评估流程

评估流程分为预评估、正式评估和复核与发布结果。评估流程如图 3-18 所示。

（1）预评估

① 预评估阶段首先确定申请评估主体

具备独立法人资格的公司及子公司；依法登记的分公司，分公司具备营业执照，不具备法人资格，其民事责任由公司承担。

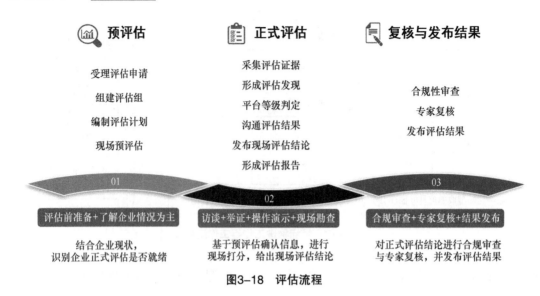

图3-18 评估流程

② 编制评估计划

协调团队成员可用时间，确定预评估时间，形成书面预评估计划，并由被评估企业确认，保证评估发起人首末次会议在场。制订预评估计划，评估计划包括评估目的、评估范围、评估任务、评估时间、评估人员、评估日程安排（每天安排，精确到小时）。

③ 预评估保障

企业提供的保障。申请评估企业应准备独立的会议室，根据参会人数安排召开首末次会议的会议室，人员访谈会议室至少可容纳10人，具备投影且具有网络可以接入信息系统进行系统演示，要求企业指派一名评估联络人，评估联络人需要全程陪伴评估组。

确认评估发起人。企业应确定评估发起人，评估发起人级别应在副总以上，评估发起人应为企业平台研发负责人或分管平台业务的领导，应确保评估发起人参加首末次会议，同时确认发起人是否具备本次评估的决定权，评估发起人一旦确认，评估组应只向且唯一向评估发起人反馈评估事项。

突发情况处理。整个评估过程（包括预评估和正式评估）中评估组的成员不应发生人员调整，参与预评估的人员必须参加正式评估，如果评估组成员确实无法参加，由评估组长对组内成员进行调整，并向秘书处报备，因个人原因不能参加的人员将记录到个人档案中。整个评估过程中，评估组组长不得变化。

评估期间日常保障。评估组组长应提前收集评估组成员的行程信息，包括出发和返程的车次（航班）、时间、酒店等信息。

预评估主要事项包括了解企业平台产品各方面情况，确认评估范围（包括申请主体、主要产品、评估范围、条款裁剪等），给出预评估是否就绪结论，发布正式评估能力项，提出正式评估重点关注项。

④ 预评估流程

预评估的主要流程包括首次会议、平台查看、相关部门访谈、整理评估发现、末次会议。预评估流程如图3-19所示。

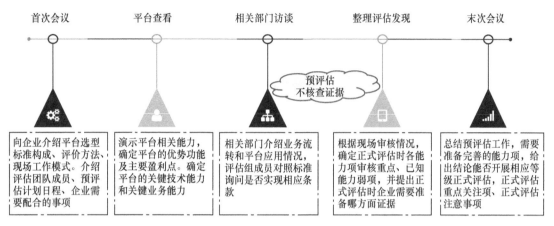

图3-19 预评估流程

⑤ 预评估相关说明

预评估阶段不打分，不提供企业初步等级和得分，评估组对企业准备不充分的能力项和条款进行记录，并在末次会议中提出。

预评估阶段包括现场调研、人员访谈和首末次会议，流程基本与正式评估相同，预评估过程需要进行现场调研和人员访谈，评估组需要说明预评估问题、评估风险和正式评估的重点关注项。

主任评估师应向企业重申，企业在预评估阶段提供的信息应真实准确，如果企业刻意隐瞒，提供虚假材料，导致评估组预判不准，风险应由企业承担。

评估组应判断评估发起人是否合适，是否具有决定权，是否能够调动企业积极响应评估。

预评估结束后企业根据预评估报告开展就绪检查：给出就绪结论的，企业可在3个月内申请正式评估；给出未就绪结论的，企业应根据预评估报告进行内部就绪检查并提交书面证明性材料，经过主任评估师确认后方可申请正式评估，整个过程不超过3个月。

预评估结束后3个月，企业还未申请正式评估，且未与评估组说明原因，则之前预评估结论视为失效，需要重新申请评估。

评估组成员应遵守以下纪律：不得拍照、不得接打电话，不得私自离开、不扩展探讨无关内容、不得损害标准权威性。

（2）正式评估

① 首次会议

前期保证所有相关方对评估计划的安排达成一致，之后对评估目标进行确认，对预评估成果进行回顾，介绍评估人员情况，发布评估计划，强调评估纪律。

② 证据采集

通过适当的方法收集并验证与评估目标、评估范围、评估准则有关的证据，包括与工业互联网平台相关的职能、活动和过程有关的信息。

③ 评估发现

每个能力中的任一条款对应的等级是FI、LI、PI、NI，这取决于评估组在评估中通过看系统、看文件、看制度得到的信息，以及对信息的分析和判断，所以提供证据非常重要。

评估组内部采用讨论、投票的方式进行打分。

最终判断是否达到标准要求，取决于该能力所涉及的条款的平均得分是否达到0.8。打分方式见表3-2。

表3-2　打分方式

结果	对应分数	性质
NI	0	否定项，不满足标准要求
PI	0.5	弱项，改进后可以达到标准要求
LI	0.8	达标项，满足标准要求
FI	1	强项，完全满足标准要求

④ 评估结果

沟通评估结果。在评估结果正式发布前与受评估方代表进行通报，给予再次论证的机会（确定好时间），避免受评估方不认可评估结论的风险。

召开末次会议。总结评估过程，发布评估发现和评估结论，末次会议内容至少应包括评估总结、评估结果、评估强项、评估弱项、改进方向，以及后续相关活动介绍等。

改进提升。受评估方应基于现场评估结果，提出平台能力改进方向，并制定相应措施，开展平台能力提升活动。

⑤ 正式评估注意事项

评估过程的公正性。评估应以公平公正的方式实施。评估师应对其评估活动的公正性负责，不允许通过商业、财务或其他手段损害公正性。评估师应对评估活动的公正性做出承诺，表明其理解公正性在实施评估活动中的重要性，对利益冲突加以防范管理，并确保其评估活动的客观性。为确保评估活动的公正性，不存在利益冲突，3年内参与了用户平台能力建设相关活动的人员，不能作为外部评估师参与现场评估工作。

评估过程的保密性。评估组在开展评估过程工作中所接触到的企业信息与评估中产生的资料未经被评估企业同意，不得将任何信息（包括平台注册账号、工作操作文件、被评估企业的技术和商务等）向第三方泄露或转让。

评估组行为规范。评估过程中手机保持静音状态，不得随意接打电话。评估组应遵守企业相关的生产管理、安全管理、职业健康管理及其他方面的要求。评估过程中评估组成员应服从评估组长的工作安排，当存在异议时，可在工作间歇时间与组长进行沟通。与企业进行沟通交流时，评估组应注意态度、措辞与表达方式。

（3）复核与发布结果

① 合规性审查

➢ 评估组是否按照要求提交了相关材料，填写内容是否完整、清晰。

➢ 评估组使用的评估工具和评估作业文档是否为有效版本。

➢ 申请表、合同、评估计划、首末次会议签到表、评估报告的时间逻辑性是否一致。

➢ 评估范围的确定是否规范、合理。

➢ 评估计划是否覆盖了申请范围的活动、场所、产品或服务过程。

➢ 评估人员资质是否满足要求，评估人员信息是否与平台信息一致。

➢ 评估人/日是否满足最低人/日的要求，评估组内成员配置是否满足要求。

② 专家复核

➢ 复查评估组的评估程序是否合规。

➢ 根据企业特点是否有不适用的条款，理由是否充分合理。

➢ 评估组对各能力项评估结果是否合理。

➢ 抽查审查记录表复核评估组现场采集记录是否充分。

➢ 抽查复核评估组打分结果是否合理。

➢ 评估组给出的弱项或建议是否恰当。

五、培训体系

数字化转型贯标工作委员会及工业互联网平台贯标推进工作组将与地方贯标服务机构进行合作，共同编写教材，搭建讲师库。根据实际情况开展教材更新、讲师遴选和培训成效评价活动，工作组将结合地方贯标工作方案，定向扶持培育一批地方贯标服务机构，针对重点行业、企业开展标准培训，支撑平台贯标工作高质量落地。搭建"四个一"培训体系：建立一套平台标准解读教材、培养一支专业讲师队伍、培育一批标准服务机构，贯标一批试点企业。提高培训的质量和效果，确保培训内容的一致性和连贯性。

建立一套平台标准解读教材。依托工业互联网平台贯标推进工作组，编制工业互联网平台应用培训课程体系，围绕政策宣贯、标准解读、评价要点、系统使用方法等内容，编制系统全面、深入浅出的工业互联网平台应用培训课件。

培养一支专业讲师队伍。面向地方贯标服务机构，组织工业互联网平台标准领域相关专家为试点省市定向培养一支工业互联网平台标准讲师队伍，筑牢工业互联网平台贯标工作理论根基。

培育一批贯标服务机构。面向地方贯标服务机构，开展工业互联网平台贯标咨询和贯标评价培训。通过讲解贯标流程，梳理工作重点，组织实操演练，派驻评估专家等方式，培育一批业务素质过硬的平台贯标服务机构。

贯标一批试点企业。针对试点企业，根据企业需求，制定个性化的培训方案。组织培训活动，进行理论讲解和案例分析，收集企业和参训人员的反馈意见，及时调整和改进培训方案。

六、开展"四步走"贯标试点

开展"四步走"贯标试点：面向试点企业，联合地方贯标咨询机构和贯标评定机构，开展企业遴选、贯标咨询、改进提升和贯标评定"四步走"的贯标试点工作。

第一步，遴选工业互联网平台应用水平评价试点企业，涵盖大中小应用企业和各类平台企业等多种企业类型，做好企业对接指导。

第二步，了解企业在工业互联网平台应用方面的现状、挑战和需求。结合贯标要求，对企业进行评估和诊断，发现问题和改进空间，提供贯标咨询和指导。

第三步，根据贯标咨询的结果，与试点企业共同制订改进计划，明确改进目标，落实改进（包括技术、流程、组织等）措施，提升企业的工业互联网平台水平。

第四步，由贯标评定机构开展贯标评定工作，向试点企业提供贯标评定的结果和反馈意见，为企业的进一步发展提供指导和支持。

标准篇

第四章 工业互联网平台关键技术能力标准

工业互联网平台关键技术能力包括边缘管理、基础设施适配、工业大数据管理、工业模型开发、工业模型管理、工业数字孪生、应用开发及部署运维能力、用户与开发者管理能力、工业 App 服务能力。

一、边缘管理

边缘管理是指在靠近数据生成或处理的边缘位置进行管理,通常涉及边缘节点的监控、边缘应用的部署和更新,以及网络连接的可靠性等。边缘管理的核心是企业和组织在面对不确定性时,调整和优化其运营、资源和能力,以适应市场和环境的变化,来保持竞争优势。

边缘管理涉及的关键技术能力主要有数据采集管理、物联接入、边缘节点管理、边缘数据处理和云边协同。

(一)数据采集管理

1. 定义

数据采集是为了满足数据统计、分析和挖掘的需要,搜集和获取各种数据的过程。数据采集管理是工业互联网平台边缘管理的关键技术能力之一,通常情况下,数据采集是指采集企业内部的数据。

2. 数据采集的价值

数据采集本质上是为了数据应用。如果数据采集工作不到位,则会影响整体的数据质量,在后面环节再想弥补,代价不仅会很大,效果也会大打折扣。最终的数据应用,以及基于应用得到的决策与反馈的质量必然会受到影响。

3. 关键指标

数据采集管理的关键指标评估如下。

➢ 支持工业通信协议的数量。

➢ 单节点支持的采集点容量。

➢ 数据采集频率。

4. 标准条款

（1）应支持主流工业通信协议，可实现传感器、特定行业工业设备等的数据采集

① 名词解释

工业通信协议是指用于工业控制领域的通信协议，是一种规范化的通信方式，用于实现工业设备之间的信息传输和交换。

工业通信协议在工业控制领域扮演着重要角色，能够实现不同设备之间的信息传输和交换，提高生产效率和产品质量、降低成本。在选择工业通信协议时，需要根据具体的应用场景和需求进行选择，并考虑工业通信协议的可靠性、兼容性和安全性等因素。

工业通信协议通常包括以下4个方面。

➢ 通信协议的物理层：物理层位于通信协议的底层，主要负责信号的接收和传输，包括电信号、光信号、无线信号等。常用的物理层工业通信协议包括有线传输、无线传输和光纤传输等。

➢ 通信协议的数据链路层：数据链路层主要负责数据的传输和校验，包括数据的打包、拆包、加密和解密等。常用的数据链路层工业通信协议有 Modbus、Profinet、EtherNet/IP 等。

➢ 通信协议的网络层：网络层主要负责数据的路由和寻址，包括 IP 地址的分配、路由表的维护等。常用的网络层工业通信协议有 TCP/IP[1]、HTTP[2] 等。

➢ 通信协议的应用层：应用层位于通信协议的顶层，主要负责应用程序和通信协议之间的交互，包括数据的读写、控制指令的发送等。常用的应用层工业通信协议有 OPC UA[3]、MQTT[4] 等。

② 条款解读

➢ 应支持主流工业通信协议。

---

1 TCP/IP（Transmission Control Protocol/Internet Protocol，传输控制协议/互联网协议）。

2 HTTP（Hypertext Transfer Protocol，超文本传送协议）。

3 OPC UA（OLE for Process Control Unified Architecture，开放性生产控制和统一架构）。

4 MQTT（Message Queuing Telemetry Transport，消息队列遥测传输）。

> 应具备工业通信协议库对工业通信协议进行管理。
> 应可实现对多类型、多厂家、多行业的传感器和设备的数据进行采集。

③ 能力要点
> 支持主流工业通信协议的数量。
> 支持主流工业通信协议的种类。
> 平台协议的可扩展性。

④ 平台案例：小波物联平台

基于小波物联平台在不同试验室的场景，有大量的实践案例。小波物联平台可以通过配置，实现常规协议数据的采集。此外，通过不断累积、不断总结案例，能够将这些宝贵的实践经验转换成一套独有的协议库，以便更好、更快速地完成各种设备的接入及数据采集。

（2）应支持组态配置数据标签

① 名词解释

组态配置：在工业自动化系统中，通过软件工具对系统进行配置和设置，实现设备和控制系统的功能定义、参数设定、界面设计、数据采集和记录、连接和通信配置等操作。组态配置工作通常由工程师或系统集成商完成，旨在定制和调整自动化系统以满足特定的应用需求。

在组态配置过程中，可以进行以下操作。

> 功能定义：根据实际需求，选择和配置自动化系统所需的功能模块和功能点。例如，选择需要监控的设备、定义控制逻辑、设定报警规则等。

> 参数设定：对设备和系统的各种参数进行设置和调整，确保其正常运行和满足特定需求，包括输入/输出参数、控制参数、通信参数等。

> 界面设计：设计和配置人机界面或监视界面，以便操作员能够直观地监控和操作自动化系统，包括创建图形界面、显示实时数据、设定报警和故障显示等。

> 数据采集和记录：设置数据采集点和数据记录频率，实时采集设备数据，并将其存储在数据库或历史记录文件中，供后续分析和报告使用。

> 连接和通信配置：配置自动化系统中各个设备之间的连接和通信方式，确保数据的传输和交换。这可能涉及网络设置、通信协议选择、设备地址分配等。

② 条款解读

允许用户通过配置来定义和管理数据标签，以满足个性化的数据管理需求，并为后续的数据分析和处理提供更准确的数据描述和标识。

③ 能力要点

用户友好的界面：提供直观、易于使用的界面，使用户能够轻松地进行组态配置操作，包括拖放、选择选项和配置参数等。

灵活的自定义性：允许用户根据实际需求和应用场景进行自定义配置，包括功能定义、设备连接、参数设定等，以满足个性化的配置要求。

设备和协议的兼容性：支持与各种设备和通信协议进行集成和通信，以便实现数据的采集、控制和交互。

数据标签和元数据管理：提供对数据标签和元数据的管理和配置，包括定义和设置数据的属性、单位、范围等，以确保数据的准确性和一致性。

实时监控和追踪：能够实时监控配置的系统、设备和参数，提供实时状态显示、报警通知和追踪记录，以便及时发现和解决配置问题。

④ 平台案例：小波物联平台

小波物联平台能够为某车企打通生产计划、可视化、业务系统对接、涂装工艺全流程，使汽车生产全过程在线、透明、可视、可控、可追溯。汽车涂装全工艺流程如图4-1所示。

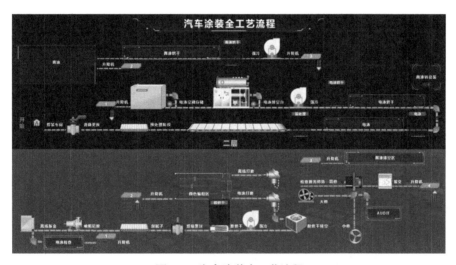

图4-1　汽车涂装全工艺流程

（3）宜支持自主开发工业设备接入驱动

① 名词解释

工业设备接入驱动通常支持自主开发。这意味着开发人员可以使用工业设备接入驱动提供的工具、文档和 API 来开发自定义的接口和驱动程序，以实现与特定工业设备的通信和数据采集。

工业设备驱动的关键作用和功能包括以下内容。

➢ 通信协议支持：工业设备驱动程序支持各种工业通信协议，例如 Modbus、OPC UA、Profinet、EtherNet/IP 等。工业设备驱动程序能够处理这些协议的数据格式和通信规范，与设备进行通信和数据交换。

➤ 数据采集和控制：工业设备驱动程序能够采集工业设备的实时数据，例如温度、压力、流量等，以及执行控制指令，例如开关操作、调节设定等。这样，控制系统可以实时监测设备状态并进行相应的控制操作。

➤ 设备状态监测和报警：工业设备驱动程序能够监测设备的状态和运行情况，例如故障、警告、异常等。它们可以触发报警通知，向控制系统或操作员发送相应的警报信息，使其及时采取措施。

➤ 连接管理和设备识别：工业设备驱动程序负责管理与工业设备之间的连接和通信。它们能够自动识别连接的设备、配置设备的通信参数，并确保稳定的通信连接。

➤ 安全性和权限控制：工业设备驱动程序通常提供权限控制功能，确保只有经过授权的用户或系统可以访问和操作设备，包括用户身份验证、访问权限管理和数据加密等机制。

② 条款解读

自主性：开发人员可以根据实际需求和应用场景，自主开发工业设备接入驱动，而不仅依赖于现有的第三方驱动，这样可以更好地满足特定设备的需求和用户的定制化要求。

开发灵活性：提供开发工具、API、文档等资源，开发人员能够自由地开发和定制驱动程序，并根据实际情况进行适配和扩展，以满足不同设备和系统的集成需求。

开发支持和资源：支持自主开发的工业设备接入驱动应该提供必要的开发支持和资源，例如开发文档、示例代码、技术支持等，可以帮助开发人员顺利开发驱动程序，并解决在开发过程中遇到的问题。

③ 能力要求

开发工具和资源支持：提供开发工具、API、软件开发工具包和示例代码等资源，以便开发人员能够开发和测试自主开发的驱动程序。

通信协议支持：具备支持多种工业通信协议的能力，例如 Modbus、OPC UA、Profinet、EtherNet/IP 等，以满足不同设备的通信要求。

设备接口和驱动开发：提供设备接口和驱动开发的文档和规范，指导开发人员编写自主开发的驱动程序，并实现与设备之间的通信和数据交换。

数据解析和转换：具备解析和转换设备数据的能力，包括处理不同数据格式、数据类型转换和单位转换等。

连接管理和设备识别：能够管理设备的连接和通信，并具备识别设备和自动配置的能力,以简化设备接入的过程。

安全性和权限控制:提供安全性和权限控制机制,确保只有经过授权的用户或系统可以访问和操作设备接入驱动,以保护设备和系统的安全。

④ 平台案例:某平台数据采集管理系统

某零配件工厂存在大量的标准和非标准设备,用户通过平台软件开发工具包可以实现标准设备的快速接入。对于非标准设备,用户可以通过自定义设备驱动协议,实现特定设备的接入。

数据采集管理系统如图 4-2 所示。

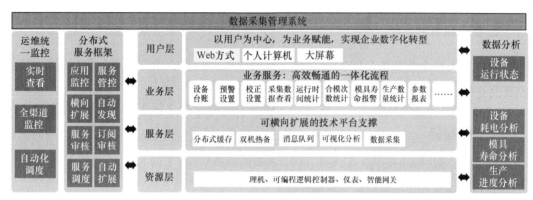

图4-2 数据采集管理系统

(4)应支持 MQTT、TCP、UDP[1] 等协议传输数据

① 名词解释

MQTT:一种轻量级的发布/订阅消息传输协议,适用于物联网设备间的可靠通信。

TCP:一种面向连接的、提供可靠传输的传输层协议,常用于网页浏览和文件传输等应用。

UDP:一种无连接的传输层协议,传输速度快但不能保证数据的可靠性,适用于实时性要求较高的应用,如音/视频传输和实时游戏。

② 条款解读

多协议支持:系统应具备支持多种协议的能力,如 MQTT、TCP 和 UDP 等。这样可以根据不同的需求和应用场景选择合适的协议来进行数据传输。

灵活性和适应性:系统应具备灵活性和适应性,能够根据具体情况选择和切换不同的协议。不同的协议适用于不同的应用场景,因此系统需要具备相应的配置和适配能力。

1　UDP(User Datagram Protocol,用户数据报协议)

（二）物联接入

1. 定义

物联接入是指通过各种信息传感器、射频识别技术、全球定位系统、红外感应器、激光扫描器等各种装置与技术，实时采集任何需要监控、连接、互动的物体或过程，采集其声、光、热、电、力学、化学、生物、位置等各种信息，通过各类可能的网络接入，实现物与物、物与人的泛在连接，实现对物品和过程的智能化感知、识别和管理。它让所有能够被独立寻址的普通物理对象形成互联互通的网络。

2. 物联接入的价值

物联接入对企业和社会的发展具有重要的作用，有利于提升效率、优化资源配置、创新商业模式、提升用户满意度和促进产业升级等。

3. 关键指标

物联接入的关键指标评估如下。

① 单一边缘节点支持的测点数量

单一边缘节点支持的测点数量是指单一的接入服务器能够接入的测点数量。这取决于多个因素，包括节点的硬件配置、软件架构、网络带宽和数据处理能力等。

② 单一边缘节点支持的对象模型数量

单一边缘节点支持的对象模型数量是指在一个计算节点的情况，系统能够支持多少个计算模型同时运行。这同样取决于节点的硬件配置、软件架构、网络带宽和数据处理能力等。同时，还受计算复杂度、数据规模等影响。

4. 标准条款

（1）应具备接入管理功能，支持 MQTT、TCP、UDP 等协议

① 名词解释

接入管理功能是指在通过改变接入协议（控制用户—网络接口与业务节点接口之间具有承载功能的协议）进而改变数据传输的形式。接入管理功能通过 MQTT、TCP、UDP 等协议构建了稳定、可靠、轻量的数据接入功能，确保了数据发送不受时间、空间以及网络带宽的限制，并有效地节省了计算机资源及网络带宽，从而满足大中小型工业企业不同规模的数据接入需求，目前可支持百万级设备数据的实时接入。接入管理功能对数据的安全性、可靠性、便利性及空间利用率发挥了显著的作用。

② 条款解读
➢ 应具备支持 MQTT、TCP、UDP 等多种工业通信协议的能力。
➢ 应能够对接入设备和传感器进行灵活配置和管理。
➢ 应支持数据协议转换和适配。
③ 平台案例：智慧矿山平台

智慧矿山平台使用指定用户通过 MQTT 接入进行大量数据点并发测试，成功完成了对智慧矿山平台下数万测点的实时监测。

技术优势：智慧矿山平台在构建该模块时，考虑了用户需要大规模处理数据的问题，提供了高安全性的服务，以提升用户体验。这些技术可以完美地解决数据接入功能的安全性、并发数据量和实时性等问题。

（2）应具备测点管理功能，支持批量创建、删除、修改等
① 名词解释

测点管理功能用于数据点及其属性与其他功能之间的协调，测点在项目中发挥了至关重要的作用。

测点能够与设备、资产等其他应用进行协调，根据需求的不同，可以添加拓展属性或作为动态属性进行协同作业。此外，测点还可以作为基础元件进行计算处理或实时监控等。测点管理为测点的维护提供了保障，为项目提供了兼容性和源源不断的创新性。

② 能力要点

拓展属性：用户区分每个租户对于测点的不同定义，每个租户可以将拓展属性设置为自己希望的属性，拓展了数据点的适用性。

动态属性：测点可以与其他应用进行协调操作，例如，模板下的动态属性绑定在设备上，从而通过控制测点的属性调整设备的运作流程，并实现监控设备部分属性的操作，以保障设备的正常运行，有效提高了设备的可调控性，也为可操作性提供了更多的可能性。

③ 条款解读
➢ 提供测点的元数据多维度查询服务。
➢ 提供拓展属性配置，通过扩展字段，用户可以根据自己的业务特点维护设备资产的个性化动静态属性。
➢ 提供测点的历史数据查看功能，可以通过折线图、热力图查看数据趋势。
④ 平台案例：某平台属性监控界面

案例描述：五举煤矿希望实现监控某一测点不存在的属性，将其对应在设备上并通过检测测点的属性，进而了解设备的运行状态及指标状态，从而实现数据的实时性和可

扩展性。

技术优势：在项目中通过绑定模板中的动态属性（测点）实时监控用户希望检测到的指标状态信息，这样的设计极大地提高了设备监控的灵活性并且将系统设备进行具象化，使数据更直观、更可靠。属性监控界面如图4-3所示。

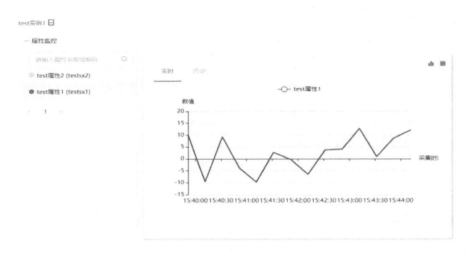

图4-3　属性监控界面

（3）应具备数据字典配置功能，支持数据字典导入、适配、扩展等

① 名词解释

数据字典是数据库中数据定义的一种记录，类似一个数据库的数据结构，数据字典存储有关数据的来源、说明、与其他数据的关系、用途和格式等信息。在收集有关数据信息，建立数据库的初始阶段，应对数据项进行命名约定，以统一不同部门、不同人员之间对共同关心的数据内涵、来源和命名的观念。这个过程涉及数据监管人员、用户和数据库开发人员，是一个需要反复多次的过程。这个统一的命名约定，及其附带的说明，就是数据字典。

② 条款解读

➢ 应支持数据字典及其数据项的添加、修改、查询、删除等需求。

➢ 应具备对数据进行管理、维护、共享和利用的功能。

➢ 应实现促进数据共享，提高数据使用效率的功能。通过数据字典，用户可以方便地知道每项数据的意义，了解数据的来源和使用方法，从而迅速地找到所需的信息，并按照正确的方法使用数据。

③ 平台案例：智慧煤矿综合管控平台

智慧煤矿综合管控平台通过构建数据字典功能，添加相关可共同使用的专业术语，促进数据共享，提高数据的使用效率，降低沟通的成本。

除基本需求外，智慧煤矿综合管控平台还支持树形结构及左侧级联其他数据字典功能，帮助企业减少运维成本。智慧煤矿综合管控平台界面如图4-4所示。

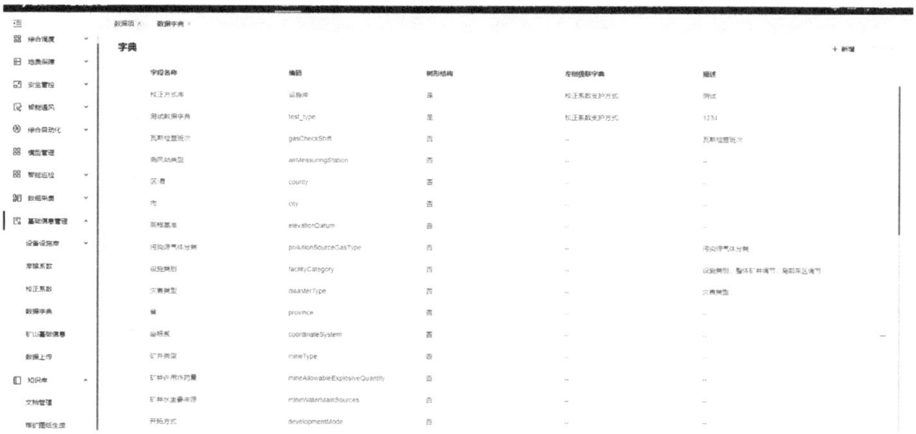

(a) 数据字类

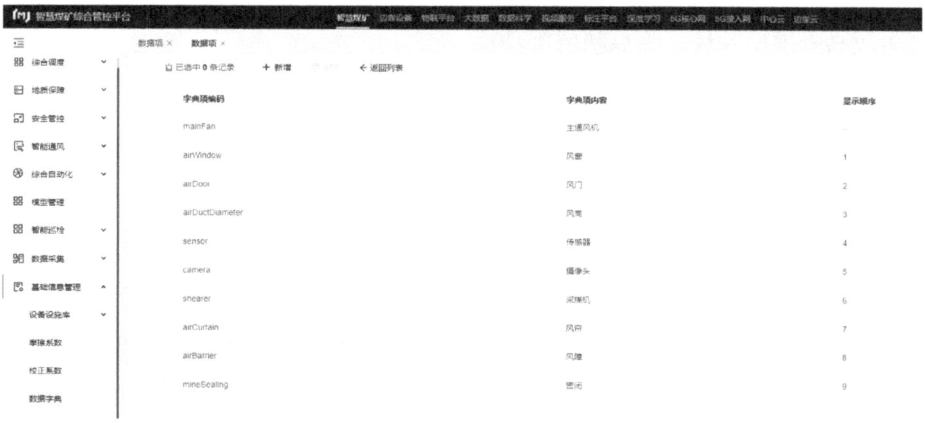

(b) 数据项

图4-4 智慧煤矿综合管控平台界面

（4）应支持根据设备测点、采集的数据等信息构建物体信息模型

① 名词解释

物体信息模型：物理空间中的实体数字化后，在云端构建的数据模型。在物联网平台中，定义物体信息模型即定义产品功能。完成功能定义后，系统将自动生成该产品的物体信息模型。物体信息模型描述产品是什么，能做什么，可以对外提供哪些服务。物体信息模型是一个 JSON 格式的文件。它是物理空间中的实体，例如传感器、车载装置等在云端的数字化表示，从属性、服务和事件3个维度，分别描述了该实体是什么，能

做什么，可以对外提供哪些信息。定义了这3个维度，即完成了产品功能的定义。

② 条款解读

➢ 应支持物体信息模型及其静态或动态属性的创建、删除、更新、多维度查询及批量导入导出的基本需求，所有关联模板的设备都将基于此模型规则工作。

➢ 应提供拓展属性配置，通过扩展字段，用户可以根据自己的业务特点维护物体信息模型的个性化动静态属性。

➢ 应具备实时监控功能，方便用户实时监测物体信息模型的属性值。

③ 能力要点

扩展配置：用户可以根据需求，个性化添加物体信息模型及其属性的配置，以便统一管理，降低维护成本。

数据监测：提供测点的实时数据和历史数据查看功能，可以通过折线图、热力图查看物体信息模型下设备动态属性的数据趋势。

关联设备：平台将报警配置、组态画面设计等放入物体信息模型中，所有关联模型的设备都将基于此模板规则工作。

（5）应具备模型管理、测点映射等功能

① 名词解释

模型管理：指管理抽象出来的对象，包括资产模型、设备模型。模型用于描述该类设备、资产具备的能力和特性。模型可统一管理该类设备、资产的基本信息、属性等。模型派生出来的设备和资产实例继承了模型的属性，例如静态、动态、计算属性等。

测点映射：即将边缘传感器测点与边缘实体设备的属性一一对应绑定。平台会自动进行两者之间的转换，同一份数据，既可以从单独的测点角度查看，又能从设备的角度查看。通过动态属性和测点的关联定义，将数据进行转换，分别保存到不同的通道中，两份数据都能被下一个环节获取，进行后续相关的计算和入库处理。

② 条款解读

➢ 应支持设备动态属性与测点之间的映射。

➢ 应具备设备模型、资产模型的统一管理。

➢ 应可实现测点数据与设备数据之间的转换。

③ 能力要点

➢ 支持模型信息的增删改查。

➢ 支持模型批量导入导出。

➢ 支持模型下批量导入导出设备实例。

➢ 支持手动拖拽以及批量导入测点映射设备动态属性。

（6）应支持配置物体信息模型的指标计算、设备告警等规则

① 名词解释

指标计算：不满足直接采集到边缘侧的数据，而是根据不同的业务需求通过输入点加计算元件来获取指标数据。

设备告警：在各种工业场景中，当某一数据不在规定的阈值类时需要警示其异常，这时需要用户来配置告警规则实现记录设备各种异常数据情况的效果。

② 条款解读

➢ 应支持配置测点、资产、模板模式的计算模型。

➢ 应支持配置设备告警规则。

③ 能力要点

➢ 支持拖拉拽和脚本两种方式创建计算模型。

➢ 提供了基于测点、资产、模板模式设计计算模型及内置数十种算子且支持可自定义算子。

➢ 可进行计算模型的监控、复制、调试等。

➢ 支持以测点、实例、模板为监控对象来配置告警规则。

➢ 支持告警对象配置多个规则并通过级别进行互斥计算。

➢ 能够批量导入告警规则。

（7）宜采用拖拉拽方式支持对象模型的组态设计与展示

① 名词解释

组态设计：在工业上，组态是一种将计算机技术应用于工业自动化领域的技术，它可以实现对工业生产过程的监控、控制和管理。组态设计是指用户通过类似"搭积木"的方式来完成自己所需要的软件功能，而不需要编写计算机程序。工业组态可以实现对生产过程的自动化控制，进而提高生产效率和质量，降低生产成本，为企业的发展提供有力支撑。

② 条款解读

➢ 应支持拖拉拽式的页面构建方式。

➢ 应具备基本组件及支持自定义组件。

➢ 应可实现工业流程、设备模板组态、数字孪生。

（8）宜通过2D、3D技术实现特定场景的组态展示

➢ 提供2D、3D图形编辑器，提供2D、3D组态设计图形设计、展示功能。

➢ 能够与平台的数据进行绑定，展示平台数据，支持动效、样式、事件等常见效果。

➢ 提供折线图、饼图、柱状图等图形展示能力，图表数据来源于自定义的服务接口，

服务接口的输入输出参数需要满足平台的规范。

(三) 边缘节点管理

1. 定义

边缘节点管理主要是指在边缘计算环境中，对边缘节点进行管理和维护的过程。边缘节点是指在靠近数据源或用户的地方部署计算机设备，用于处理和分析大量的数据，并回传结果到云端或其他数据中心。

2. 边缘节点管理的价值

边缘节点管理的目的是提高应用程序的性能、降低网络时延、增强数据的安全性和可靠性，以及优化整个边缘计算环境的运营效率。通过对边缘节点的管理和维护，企业可以提高生产力和效率，并为用户提供更好的服务。

3. 关键指标

边缘节点管理的关键指标评估如下。
- 管理的边缘节点种类。
- 管理的边缘节点数量。

4. 标准条款

（1）应支持创建、修改、查询、启动、停用边缘节点

① 名词解释

边缘节点是指边缘网关、边缘控制器、边缘服务器等边缘侧多种产品形态的基础共性能力的逻辑抽象，是最靠近用户侧的节点，例如，某个机房或者某个物理设备、家庭网关、物联网（Internet of Things，IoT）网关等设备。

与边缘节点对应的是边缘计算，边缘计算是将主要处理和数据存储放在网络边缘节点的分布式计算，以满足行业数字化在敏捷连接、实时业务、应用智能、数据优化、安全隐私保护等方面的需求。

② 条款解读
- 应支持创建边缘节点设备。
- 应支持修改边缘节点设备。
- 应支持查询边缘节点设备。

➢ 应具备对边缘节点设备进行启动、停用控制操作。

③ 平台案例：忽米 H-IoT 物联感知平台

忽米 H-IoT 物联感知平台通过物联网技术，构建边缘计算模块，实现边缘节点创建修改功能，达到边缘节点与实际设备映射的效果；通过"云—边"通信技术，构建边缘计算模块，实现边缘节点启停功能，达到远程管控边缘节点的效果。边缘节点界面如图4-5所示。

图4-5 边缘节点界面

忽米 H-IoT 物联感知平台通过云端操作可以支持创建、修改、查询边缘节点，通过云端操作可以支持启动、停用边缘节点。添加节点示意如图 4-6 所示。

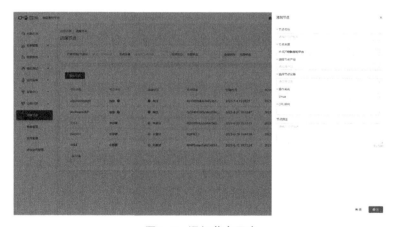

图4-6 添加节点示意

（2）应支持对边缘节点的数据采集频率、通信通道等参数进行配置和下发

① 名词解释

数据采集频率是指单位时间内从连续信号中提取并组成离散信号的采样个数，用赫兹（Hz）表示。

通信通道是指传输信息的数据通路，连接发送端和接收端通信设备之间的传输媒介，是信号传输的通道。

② 条款解读

➢ 应支持对边缘节点数据采集频率配置。

➢ 应支持对边缘节点数据传输通道配置。

➢ 应支持对边缘节点配置信息远程下发。

③ 能力要点

配置参数定义：定义需要配置的参数，这些参数应根据具体应用场景和需求进行定义。

配置接口设计：通过一个接口或者协议，使上层系统可以向边缘节点发送配置指令。

配置下发机制：将配置参数下发到边缘节点，可以通过网络连接、物理设备或其他通信方式来实现。

④ 平台案例：忽米 H-IoT 物联感知平台

忽米 H-IoT 物联感知平台通过远程配置接口，构建边缘节点模块，实现边缘节点远程配置和下发功能，达到云端控制与修改实际设备参数的效果；通过通信协议，构建边缘节点模块，实现边缘节点信息通信功能，打通云端与边缘设备的通信通道。

通过远程配置接口和通信协议，忽米 H-IoT 物联感知平台可以对边缘节点的数据采集频率、通信通道等参数进行配置和下发。

（3）应支持远程对边缘节点进行固件升级、驱动更新

① 名词解释

固件升级是指对设备内部保存的设备驱动程序进行升级，可以完善设备功能、增强设备稳定性、修补设备漏洞。

驱动更新是指更新计算机或设备所需的驱动程序，确保系统正常运行和提升性能。

② 条款解读

➢ 应支持对边缘节点设备进行固件升级。

➢ 应支持对边缘节点设备进行驱动更新。

③ 能力要点

规模和效率：能够同时处理大量边缘节点的更新请求，并且使用最少的网络带宽和资源。

异常处理和回滚：具备监测更新过程中的异常情况，并能够进行回滚操作以恢复到之前的可用状态。

空中激活（Over The Air，OTA）固件/驱动库管理：建立和维护固件或驱动的版本控

制和管理系统，以进行选择、分发和维护不同版本的固件和驱动程序。

④ 平台案例：忽米 H-IoT 物联感知平台

忽米 H-IoT 物联感知平台通过升级 OTA 固件，完善边缘节点模块，实现边缘节点远程传输升级功能，达到远程固件升级、驱动更新的效果；通过批次管理，完善边缘节点 OTA 升级模块，实现边缘节点不同批次升级功能，达到多模块多批次升级的效果；通过 OTA 可以远程对边缘节点进行固件升级、驱动更新。

OTA 升级界面如图 4-7 所示。批次详情界面如图 4-8 所示。

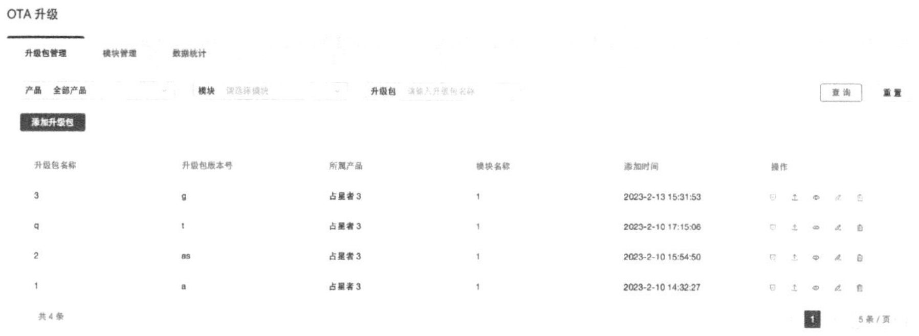

图4-7　OTA升级界面

图4-8　批次详情界面

（4）应支持边缘节点的状态监测、运行维护管理

① 名词解释

状态监测是指通过收集、观察和评估特定系统、设备或过程的关键参数和指标，以了解其工作状态、性能表现和健康状况的过程。

运行维护是指对设备、系统或设施持续进行监控、维护和管理，以确保其正常运行和可靠性的过程。

② 条款解读

➤ 应支持对边缘节点的状态进行监测。

➤ 应支持对边缘节点的运行进行维护管理。

③ 能力要点

实时监测与数据采集能力：边缘节点应具备实时监测和数据采集的能力，可以收集设备运行状态的关键参数和指标数据。

远程监控和控制能力：边缘节点应能够通过远程方式进行监控和控制。

异常检测和告警能力：边缘节点应具备异常检测和故障告警的能力。

④ 平台案例：忽米 H-IoT 物联感知平台

忽米 H-IoT 物联感知平台通过边缘节点监控功能，构建边缘节点模块，实现边缘节点状态监测功能，达到对边缘设备进行远程监测的效果；通过边缘节点应用服务功能，完善边缘节点模块，实现边缘节点运行维护功能，达到对边缘设备进行远程维护的效果。监控信息界面如图 4-9 所示。

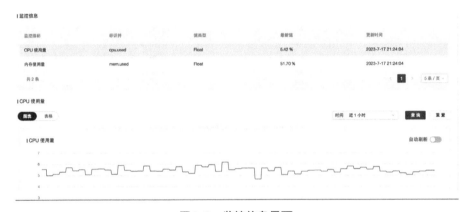

图4-9　监控信息界面

（5）宜支持边缘节点的集群管理

① 名词解释

集群管理是对边缘设备集群进行有效管理和调度的一种方法。边缘设备集群是由多个边缘节点（通常是服务器或设备）组成的集合，这些节点共同工作以完成复杂的计算任务或服务提供。

② 能力要点

自动化部署和配置管理：具备自动化的边缘节点部署和配置管理能力，可以快速、可靠地部署和配置新的边缘节点。

资源调度和负载均衡：能够根据资源利用率、负载情况和服务需求，动态地进行资源调度和负载均衡。

弹性扩展和缩减：具备弹性的边缘节点扩展和缩减能力，可以根据需求快速增加或减少边缘节点数量。

③平台案例：忽米 H-IoT 物联感知平台

忽米 H-IoT 物联感知平台通过边缘节点集群管理功能，构建边缘节点模块，实现边缘节点集群自动化部署；通过查看边缘节点集群管理，可以支持远程对边缘节点进行日志收集，优化边缘节点运行。

忽米 H-IoT 物联感知平台通过集群管理模块，实现了边缘节点应用副本管理、容器应用一键扩缩容、调整边缘节点资源配置，以及远程资源调度管理等功能。

（四）边缘数据处理

1. 定义

边缘数据处理指对物联网设备、传感器和智能移动终端、IoT 网关等边缘设备采集的数据进行数据清洗、计算、转发等操作。

2. 边缘数据处理的价值

边缘数据处理，以数据应用为出发点，挖掘数据价值，是数据分析的核心部分，通过对边端设备的数据清洗、数据集成、数据协议规则转换等处理，为设备运行状态监测、数据可视化、预测性维护等需求提供底层数据源。

3. 关键指标

边缘数据处理的关键指标评估如下。
➤ 数据读写效率。
➤ 数据处理速度。

4. 标准条款

（1）应具备数据预处理能力

① 名词解释

数据预处理是指对原始数据进行数据清理、数据集成、数据规约和数据变换，使它适合于存储、管理及进一步分析和应用。预处理的主要内容包括几何纠正、数据压缩、数据规范化和数据匹配。

② 条款解读
➤ 应具备数据任务管理，支持自定义数据清洗任务。
➤ 应具备数据任务管理，支持多源数据集成任务。

➢ 应提供数据规则管理，支持自定义多种数据预处理规则。

③ 关键技术

数据清洗技术：包括数据缺省值、数据降噪等不一致处理。

数据集成技术：多源异构数据集成，其中数据源包含多数据库、数据立方体或一般文件。

数据转换技术：主要包括光滑、聚集、数据泛化、数据规范化和新属性构造。

④ 能力要点

➢ 支持主流数据库类型。

➢ 数据预处理效率高。

⑤ 平台案例：忽米工业数智引擎

忽米工业数智引擎基于 Hadoop 等大数据技术，构建了数据智能子平台，实现了数据采集、多数据源管理功能，用户能够快速接入数据源；还实现了敏感规则管理功能，用户自定义数据预处理规则。添加数据源示意如图 4-10 所示。

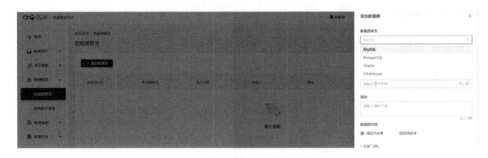

图 4-10　添加数据源示意

技术优势如下。

➢ 平台采用数据清洗、集成、转换等数据预处理技术，符合条款要求的关键内容。

➢ 平台支持自定义多种数据预处理规则，符合条款要求的关键内容。

（2）应具备时序数据、关系数据的处理能力

① 名称解释

时序数据是指同一指标按时间顺序记录的数据列。关系数据是指建立在集合代数基础上，各种实体以及实体之间的各种联系均可用关系模型来表示的数据集。

② 条款解读

➢ 应具备时序数据实时/离线采集、清洗、转换能力。

➢ 应具备关系数据实时/离线采集、清洗、转换能力。

➢ 应具备时序数据、关系数据处理规则管理功能。

➢ 应具备时序数据、关系数据处理任务管理功能。

③ 能力要点
- 支持处理的数据种类。
- 数据处理的速度。
- 数据的存储容量。
- 可扩展性。

④ 平台案例，忽米工业数智引擎

忽米工业数智引擎基于 Hadoop 等大数据技术，构建了数据智能子平台，实现了时序数据、关系数据处理，以及数据处理任务的配置和监控。数据开发界面如图 4-11 所示。

图4-11　数据开发界面

技术优势如下。
- 数据智能子平台数据处理组件，支持 SQL、Java、Python、Scala 等多种语言，供用户自行选择。
- 数据智能子平台支持对数据处理任务进行一键调度，支持自定义配置告警方式。

（3）宜具备流数据、批量数据的处理能力

① 名词解释

流数据：数据被逐件送入分析工具，这种处理通常是实时进行的。

批量数据：一组数据在一段时间内被收集，然后被送入分析系统。换句话说，收集一批信息，然后把它送进分析系统进行处理。

② 条款解读
- 应具备流数据接入、清洗、转换能力。
- 应具备流数据实时分析计算能力。
- 应具备批量数据同时接入、清洗、转换能力。
- 应具备批量数据分析计算能力。

③ 能力要点

➢ 流数据：数据接入时效性。

➢ 流数据：实时感知源端数据变化。

➢ 批量数据：数据采集、分析效率。

④ 平台案例：忽米工业数智引擎

忽米工业数智引擎基于 Hadoop 等大数据技术，构建数据智能子平台，实现流数据采集能力、批量数据接入，以及处理任务配置和监控。

技术优势如下。

➢ 数据智能子平台支持 SQL、JAR 包、画布等多种流数据采集能力。

➢ 数据智能子平台支持查看批量数据接入、处理任务日志、管理运行结果等。

（4）宜具备文件数据、音频数据的处理能力

① 名词解释

非结构化数据：与结构化数据不同，非结构化数据没有明确的格式和规则，通常存储在文件、视频、音频中。这种数据类型包括自然语言文件、声音、视频、电子邮件等多种形式。

② 条款解读

➢ 应具备非结构化数据源管理能力。

➢ 应具备非结构化数据清洗能力。

➢ 应具备非结构化数据存储能力。

（5）宜具备时空数据的处理能力

① 名词解释

时空数据是指同时具有时间和空间维度的数据，现实世界中超过 80% 的数据与地理位置有关。

② 条款解读

➢ 应具备时空数据采集能力。

➢ 应具备时空数据处理能力。

➢ 应具备时空数据存储能力。

➢ 应具备时空数据分析能力。

③ 能力要点

➢ 数据采集：数据实时或定期接入。

➢ 数据处理：时空数据的处理需要使用并行计算和分布式计算技术。

➢ 数据存储：存储时空数据通常需要使用分布式存储系统。

（五）云边协同

1. 定义

云边协同包括资源协同、应用协同、数据协同、智能协同等多种协同。

2. 云边协同的价值

云边协同是云计算与边缘计算的互补协同，云边协同包括基础设施即服务、平台即服务、软件即服务的多种协同，将网络、基础设施、服务和应用程序等都视为协同的对象。

通过云和边缘的紧密协同可以更好地满足各种应用场景的需求，从而放大两者的应用价值。

3. 关键指标

云边协同的关键指标评估如下。

➢ 云边协同的执行时限。

➢ 云边协同兼容人工智能算法的种类。

4. 标准条款

（1）应具备云端与边缘侧的数据协同功能，包括数据压缩、数据上传、指令下发等

① 名词解释

数据协同是指边缘节点负责数据采集，按照模型或业务规则对原始数据进行预处理及简单分析，然后把结果和相关数据上传到云端；云端可以对海量数据进行存储、分析和价值挖掘。边缘节点和云之间的数据协同，使数据能够在边缘节点和云之间有序流动，从而形成一条完整的数据流转路径，以便之后对数据进行生命周期管理与价值挖掘。

② 条款解读

➢ 应支持边端数据采集上传至云端。

➢ 应具备云端数据采集策略、边缘节点配置、应用配置等指令下发至边端的功能。

➢ 应具备对边端数据压缩上传的能力。

③ 能力要点

➢ 云边协同中计算/网络/存储资源利用率。

➢ 云边协同数据传输效率。

➢ 数据丢包率、数据压缩率。

④平台案例：忽米工业数智引擎

忽米工业数智引擎基于云边协同技术，提供设备管理功能，实现指令下发及服务调用。

技术优势：应用大规模分发技术，实现对边端应用升级管控符合条款要求的关键内容。

忽米工业数智引擎通过 Topic 订阅，实现边端数据上传、转发，实现云边数据协同。

技术优势：云边协同数据使能，实现对边端数据处理、云端数据分析，符合条款要求的关键内容。

Topic 列表界面如图 4-12 所示。

图4-12　Topic列表界面

（2）应具备云端与边缘侧的模型协同和应用协同功能，包括模型和轻量级应用的下发、部署、上传、升级、管理等

①名词解释

应用协同是云边协同的核心，边缘应用统一注册接入，实现应用集中化的全生命周期管理。

模型协同是指利用云端的数据分析模型开发系统构建的 AI 算法模型及机理模型等，通过在线下发及离线导入的方式部署，在边缘侧实现实时的推理和数据分析。

②条款解读

➢ 应支持数据模型、机理模型下发、部署、上传、升级、管理。

➢ 应支持轻量化边缘应用下发、部署、上传、升级、管理。

➢ 应具备对边端应用统一部署、升级能力。

③平台案例：忽米工业数智引擎

忽米工业数智引擎提供算法库管理，通过机器学习，训练 AI 算法模型，下发算法至边端，实现边端数据处理。

技术优势：云端实现 AI 模型管理、训练与下发等，云边模型协同，符合条款要求。

忽米工业数智引擎提供 OTA 升级功能，通过云端下发 OTA 升级包或者轻量级应用，以 OTA 升级方式下发至边端应用，实现应用升级与管理，如图 4-13 所示。

图4-13 OTA升级——管理模块

技术优势：云端下发轻量化应用至边端设备，符合条款要求。

（3）宜具备业务流程、数据科学、工业机理等模型的集成能力

① 名词解释

业务流程模型是体现从上到下、从整体到部分、从抽象到具体逻辑关系的模型。

数据科学模型是用于表达数据的概念模型或数学模型的集合，其抽象地定义系统或实体之间的关系。

工业机理模型是根据对象、生产过程的内部机制或者物质流的传递机理建立的精确的数学模型。

② 能力要点

➢ 支持的模型种类和数量。

➢ 模型在线调用、计算能力。

③ 平台案例：忽米工业数智引擎

忽米工业数智引擎提供工业模型库，支持模型管理、日志管理等。

技术优势：支持业务流程模型、数据算法模型、行业机理模型等，符合条款要求。

忽米工业数智引擎提供工业模型库，支持模型在线调用、在线计算等。

技术优势：支持业务流程模型、数据算法模型、行业机理模型等模型在线调用，符

合条款要求。

（4）宜具备云边协同的协同推理、增量学习等人工智能能力

① 名词解释

协同推理是将算法模型分割部署在边缘设备、边缘服务器和终端设备协同训练，协同推理可以有效降低深度学习模型的推断时延。

增量学习是基于从各边缘节点收集的原始数据进行训练并得到云端基础模型，对边缘节点产生的增量数据进行筛选，得到增量数据集并进行增量学习训练，从而得到更新后的云端基础模型。

② 条款解读

➢ 宜支持云边协同数据分析。

➢ 宜支持边端数据增量学习能力。

③ 能力要点

➢ 支持云边协同功能的种类。

➢ 模型计算效率。

➢ 模型计算准确性。

二、基础设施适配

基础设施适配是指让基础设施更好地满足企业发展和安全保障的需求。当前制造业在基础设施适配中存在传统设备缺乏互联网连接能力、标准和协议不统一、数据安全和隐私泄露、高昂的投资成本和人员技能短缺等问题。制造业在进行基础设施适配的过程中，需要进行统筹规划和布局，综合考虑各种因素，包括经济、社会、环境和技术等方面的影响。同时，还需要注重创新和可持续发展，采用新技术、新模式、新理念等手段，提升基础设施的质量和效益。

1. 定义

工业互联网平台基础设施适配是指将工业互联网平台与云平台等底层基础设施进行有效整合和协同工作的过程。

2. 基础设施适配的价值

工业互联网平台通过与底层基础设施进行适配，能够更好地利用资源、提高数据处理效率，优化决策和生产过程，同时确保数据传输和存储的安全性。基础设施适配还可以推动企业实现灵活响应变化的工作负载和业务需求，促进工业数字化转型，提高生产

效率和质量。

3. 关键指标

基础设施适配能力的关键指标评估如下。
➢ 能够适配的基础设施种类。
➢ 能够适配的基础设施厂家数量。

4. 标准条款

（1）应具备支持公有云、私有云、混合云的部署能力

① 名词解释

公有云是一种云计算服务模式，是指由第三方云服务提供商构建、管理和维护的基础设施，通过互联网向多个用户提供资源共享的云服务。在公有云中，用户可以租用虚拟化的计算资源（例如虚拟机、容器）、存储空间、网络服务和应用程序等，根据实际需求弹性地使用，并支付相关费用。公有云具有多租户、弹性伸缩、服务多样性、高可用性和可靠性、按需付费等特点。公有云适用于个人用户、中小型企业和大型企业等。

私有云是一种云计算服务模式，是指由组织自己构建、管理和维护的基础设施，用于在内部提供云服务。私有云的基础设施仅供特定组织内部使用，可以在组织的数据中心或托管在第三方机构中。私有云具有独占性、安全性、自定义性、控制权、成本控制等特点。私有云适用于对数据安全性要求较高、需要满足特定合规要求或需要更大灵活性和自定义的组织。

混合云是一种云计算架构，是指将公有云和私有云相结合的环境。在混合云中，组织可以同时利用公有云和私有云的优势，将应用程序和数据根据需求分配到不同的云环境中。混合云具有灵活性、数据控制、成本效益、备灾能力、扩展性等特点。混合云适用于需要兼顾数据安全性和灵活性的组织，特别是在一些行业中，例如金融、医疗等对数据隐私和合规要求较高的领域。通过混合云，组织可以提供更灵活、安全和高效的云计算解决方案。

② 条款解读

应支持公有云部署：平台应具备高度可扩展和弹性伸缩的能力，提供安全的数据隔离和访问控制机制，同时提供开放的 API 和标准化数据格式，方便与其他云服务或第三方系统集成。

应支持私有云部署：平台应具有灵活的分布式架构、强大的访问控制、数据加密传输、监控审计等技术要求，以保障企业数据安全和隐私，并满足企业个性化需求和合规要求。

应支持混合云部署：平台应具备灵活的架构和集成能力，可以无缝整合私有云、公有云和边缘计算等不同环境。

③关键技术

虚拟化技术：通过虚拟化技术，将物理资源（例如计算、存储和网络等资源）进行抽象，实现资源的灵活分配和管理。

容器化技术：可以将应用程序及其所有依赖项打包成一个独立的容器，使其能够在不同的环境中进行快速部署和移植。

自动化部署与编排：利用自动化部署和编排技术，实现工业互联网平台在云环境中的快速部署、配置和扩展，以满足不同规模的企业需求。

④能力要点

➢ 能够适配的基础设施种类。

➢ 能够适配的基础设施厂家数量。

➢ 平台灵活的架构和集成能力。

⑤平台案例：浪潮云洲工业互联网平台

为了保护机密信息和满足安全性要求，某制造业企业选择在内部搭建一个私有云环境，并选择将工业互联网平台的核心功能和服务部署到私有云中。

浪潮云洲工业互联网平台通过容器化技术，将工业互联网平台的各个组件以容器的形式部署到私有云中，实现了高效的资源利用和快速部署。

（2）用于支撑工业互联网平台的基础云服务应符合《信息技术 云计算 云服务运营通用要求》（GB/T 36326—2018）中的要求

①名词解释

基础云服务是指将云服务提供商提供的基础设施和基本资源，用于支撑和托管用户的应用程序和数据。这些基础云服务包括计算资源（例如虚拟机和容器）、存储资源（例如对象存储和块存储）、网络资源（例如虚拟网络和负载均衡），以及安全和身份认证等基本功能。基础云服务为用户提供了按需获取和管理计算、存储和网络资源的能力，不需要购买和维护昂贵的硬件设备和基础设施。用户可以根据实际需求弹性地调整资源规模，快速部署和扩展应用程序，实现高可用性、灵活性。

《信息技术 云计算 云服务运营通用要求》是2018年发布的国家标准。其中，第7章为技术要求，对云服务提供者的资源池化、计量、监控、调度、多租户等方面的能力进行了标准规范；第8章为资源要求，8.1节对云服务环境中的基础设施资源提出了管理要求。

② 条款解读

用于支撑工业互联网平台的基础云服务应具备计算资源、存储资源、网络资源的资源池化技术；应能根据不同的服务类型设定对应的计量指标，并采用对应的计量方法；应能对服务进行监测，提供监控数据的存档机制；应能根据系统的负载情况进行资源调度；应根据用户需求支持多租户环境，不同租户间的数据和资源相互隔离。

云服务环境中的基础设施资源应有确定的计算资源、存储资源、网络资源的计量方法，能对资源进行容量规划。

三、工业大数据管理

工业大数据管理是指对工业领域中产生的海量数据进行收集、存储、处理、分析、挖掘和应用，以提高生产效率、降低成本、优化资源配置、提升产品质量和服务等。

工业大数据管理涉及的关键技术能力主要有数据集成、数据质量、数据处理、数据分析、数据资产和数据服务。

（一）数据集成

1. 定义

数据集成是指将来自不同数据源和各种格式的数据整合到一个统一的数据集中，进行综合分析和处理。数据集成有助于消除"数据孤岛"，提供全局视图，使企业能够从多个数据源中获得更全面、准确和一致的信息。

2. 数据集成的价值

全局视图：通过整合来自不同数据源的数据，企业可以获得全局视图，深入了解业务运营的各个方面，帮助企业做出准确、及时的决策。

数据洞察：数据集成能够揭示隐藏的关联模式和趋势，提供深入洞察和预测能力，从而支持企业业务决策、发现机会和优化流程。

生产效率提升：通过整合设备和生产数据，实时监控和优化生产过程，提高企业生产效率、降低成本并提供高质量产品。

用户体验改善：整合用户数据，获得全面的用户视图，帮助了解企业用户需求和行为，提供个性化的产品和服务，提升用户的满意度。

创新与竞争优势：通过更好地管理和利用大规模的工业数据，挖掘创新机会，开发新产品、服务和业务模式，保持企业竞争优势。

3. 关键指标

数据集成能力的关键指标评估如下。

➢ 支持数据库的种类。

➢ 支持多元数据库的种类。

4. 标准条款

（1）应支持数据源管理，包括工业设备运行数据、企业各生产应用系统数据、第三方数据等

① 名词解释

数据源管理是指对不同数据源进行有效管理和整合的功能。

数据源连接：数据源管理功能可以建立与各种数据源的连接，包括传感器、设备、数据库、文件、云服务等。通过连接这些数据源，可以实现数据的获取和采集。

数据源配置：数据源管理功能允许用户配置每个数据源的参数，例如数据格式、数据频率、数据量级等。通过适当的配置，可以确保数据源能够按照需求进行数据的生成和传输。

数据抽取与收集：数据源管理功能可以执行数据的抽取和收集操作，从各个数据源中提取需要的数据，并将其收集到一个统一的数据存储中，这使数据集成和分析成为可能。

数据清洗与转换：数据源管理功能可以对从不同数据源获取的数据进行清洗和转换。它可以处理数据中的噪声、缺失值和异常情况，并将数据转换为统一的格式和结构，以便后续集成和分析数据。

数据质量管理：数据源管理功能有助于监控和管理数据的质量。它可以检测数据源中的数据质量问题，例如数据的准确性、完整性和一致性，并提供相应的数据质量和监控报告。

② 条款解读

工业设备运行数据：平台应能够支持来自各种工业设备的运行数据，例如传感器数据、设备监控数据、工艺参数数据等。在数据源管理中，应能够连接这些设备并获取其运行数据。

企业各生产应用系统数据：企业通常拥有多个生产应用系统，例如生产管理系统、质量管理系统、供应链管理系统等，这些系统产生的数据也是重要的数据源。数据源管理应与这些系统进行连接，并获取其生成的数据。

第三方数据：除了企业内部的数据源，还可以利用第三方数据来丰富和补充分析。第三方数据可以来自外部数据提供商、行业数据库、市场研究报告等。数据源管理应具

备与第三方数据源连接的能力，并从中获取相关数据。

③ 关键技术

数据接入和连接技术：指与各个数据源建立连接和获取数据的技术。它包括物联网技术、传感器接口技术、数据库连接技术、API技术等。通过这些技术，可以实现与各种数据源的连接，并获取所需的数据。

数据格式和协议转换技术：不同数据源可能使用不同的数据格式和通信协议。为了有效管理这些数据源，需要具备数据格式和协议转换技术。例如，可以使用数据转换工具或协议适配器将数据从原始格式和协议转换成统一的格式和协议，以便后续集成和分析数据。

数据抽取和收集技术：涉及从各个数据源中提取和收集数据的技术。这可以通过批量导入、实时数据流、消息队列等方式实现。同时，还需要考虑数据的采样频率、数据量级控制等问题，以确保数据的高效提取和收集。

数据清洗和处理技术：从不同数据源获取的数据可能存在噪声、缺失值、异常值等问题，需要进行数据清洗和处理。这可以借助数据清洗算法、异常检测算法、插值算法等技术来实现，以提高数据的质量和可用性。

④ 能力要点

支持多种数据库的种类：能够支持多种类型的数据库，例如关系型数据库（如MySQL、Oracle、SQL Server）、非关系型数据库（如MongoDB、Cassandra）及图数据库（如Neo4j）。

数据连接和接入能力：能够与各种工业设备、生产应用系统和第三方数据源建立连接，并获取数据。

多样化数据源管理能力：能够管理多个数据源，包括工业设备运行数据、企业各生产应用系统数据和第三方数据，具备支持不同类型数据源的连接、配置和管理功能。

实时数据采集和处理能力：能够实时采集和处理来自数据源的数据，确保数据的及时性和准确性。

数据格式和协议转换能力：能够进行数据格式和通信协议的转换，使不同数据源的数据能够在统一的格式和协议下进行管理和使用。

数据清洗和预处理能力：能够对数据进行清洗、去除噪声、处理缺失值和异常值等，以提高数据的质量和可用性。

数据安全和权限管理能力：能够确保数据的安全性，包括加密传输、访问控制和权限管理，防止用户未经授权就可以访问和使用。

可视化和监控能力：能够提供直观的数据展示和监控功能，例如数据仪表盘、实时报表和告警功能，帮助用户了解数据源的状态和趋势。

⑤平台案例：震兑羽林岸基数据平台

震兑羽林岸基数据平台构建数据源管理模块，实现对工业设备运行数据、企业各生产应用系统数据和第三方数据的管理与集成，达到高效、统一的数据管理效果。

震兑羽林岸基数据平台具备广泛的数据源连接能力，可以接入工业设备的运行数据，包括传感器、监控与数据采集系统、可编程逻辑控制器（Programmable Logic Controller，PLC）等的数据。同时，它还支持企业各生产应用系统的数据集成，包括来自制造执行系统（Manufacturing Execution System，MES）、企业资源计划（Enterprise Resource Planing，ERP）等的数据，以及第三方数据源的集成，使平台能够满足企业多样化的数据需求，并对不同数据源的数据进行统一管理和分析。

（2）应支持时序数据、结构化数据、半结构化数据和非结构化数据的接入

①条款解读

时序数据：时序数据是按照时间顺序记录的数据。它包括时间戳或时间标签，用于表示数据发生的时间点或时间段。时序数据通常与时间序列相关，例如传感器数据、运营指标数据等。在工业数据应用中，时序数据对于监测设备状态、分析趋势及预测未来的情况是非常重要的。

支持时序数据：要求系统能够处理按时间顺序排列的数据，例如时间序列数据、日志数据等。这意味着系统具备分析和预测时间相关模式和趋势的能力。

结构化数据：结构化数据是按照特定格式和规则组织的数据，可以轻松地存储和处理。结构的数据使用固定的模式和表格形式表示，通常采用行和列的结构，例如数据库中的表格数据。结构化数据具有明确的字段和数据类型，便于数据的查询、分析和关联操作。

支持结构化数据：要求系统能够处理以表格、数据库或其他明确定义的格式组织的数据。这意味着系统能够读取、解析和操作关系型数据库中的数据，并进行查询、聚合和分析等操作。

半结构化数据：半结构化数据是介于结构化数据和非结构化数据之间的一种数据形式。它不像结构化数据那样具有明确的固定格式和模式，但仍然具有一定的结构信息，例如可扩展标记语言（XML）文档、JSON 数据等。半结构化数据可以更灵活地存储和处理不同类型和格式的数据。

支持半结构化数据：要求系统能够处理部分有结构化组织形式但不完全符合结构化数据要求的数据。例如，它可以处理 XML 文档、JSON 文档等，从中提取出有用的信息，并进行相应的处理和分析。

非结构化数据：非结构化数据是指没有明确定义格式和结构的数据。它通常包括文本文档、图像、音频和视频等。非结构化数据难以直接存储和处理，需要进行特定的处理和分析来提取有用的信息。在工业数据应用中，非结构化数据常用于故障诊断、图像识别和语音处理等领域。

支持非结构化数据：要求系统能够处理没有明确结构和组织形式的数据，例如文本、图像、音频和视频等。这意味着系统具备自然语言理解、图像和音频处理等技能，可以从非结构化数据中提取信息并进行相应的分析和应用。

② 能力要点

数据格式支持情况：平台是否能够支持时序数据、结构化数据、半结构化数据和非结构化数据格式。平台是否提供相应的数据处理和存储功能，以及对不同格式数据的兼容性和处理能力。

支持数据的数量及种类：了解平台能够同时支持的数据数量和种类。平台是否具备处理多种数据源和大规模数据的能力，能否满足工业互联网平台复杂数据管理的需求。

③ 平台案例：震兑羽林岸基数据平台

震兑羽林岸基数据平台是一个综合性的数据管理和分析平台。该平台其成功构建了数据集成管理模块，并实现了对各种类型数据的处理和分析功能。

震兑羽林岸基数据平台在该条款的技术优势主要体现在以下4个方面。

➤ 支持时序数据：内置了强大的时序数据处理引擎，可以高效地处理和分析时间序列数据。无论是传感器数据、设备运行记录数据还是监控数据，该平台都能够轻松地进行时序数据的采集、存储、处理和可视化展示。

➤ 结构化数据处理：采用灵活的数据模型和结构化数据处理技术，可以对结构化数据进行有效的管理和分析。无论是数据库中的表格数据、Excel 表格，还是 CSV 文件等，该平台都能够将这些数据导入并进行数据清洗、转换和整合，从而为用户提供准确、可靠的数据基础。

➤ 半结构化数据处理：对于半结构化数据（例如，XML、JSON 等格式）也具备强大的处理能力，支持自动解析和提取数据，可轻松处理各种半结构化数据，并将其转换为结构化数据进行进一步的分析。

➤ 非结构化数据处理：无论是文本、图像、音频，还是视频等非结构化数据，该平台都可以进行智能化的分析，例如，文本情感分析、图像识别、语音转文本等，从而帮助用户深入挖掘非结构化数据中的有价值信息。新建集成任务如图 4-14 所示。

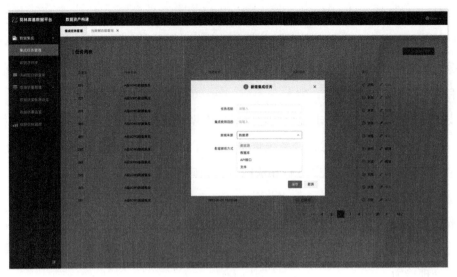

图4-14 新建集成任务

（3）应支持实时数据、离线数据的接入

① 条款解读

实时数据：实时数据是指在数据生成的同时，可立即使用和处理的数据。这种数据具有时间敏感性，要求能够及时地获取、处理和分析，以便快速做出决策或采取相应行动。实时数据通常通过传感器、设备或其他数据源实时收集，并且在几乎没有时延的情况下，被传输到数据集成平台或系统中进行处理。

支持实时数据：要求数据集成必须具备获取、处理和分析实时数据的能力，应该能够接收来自传感器、设备或其他实时数据源的数据，并实时地将其传输到数据集成平台中进行处理。平台应能够提供实时数据处理引擎，以确保数据的及时性和准确性。

离线数据：离线数据是指预先存储或记录下来的数据。离线数据可以在稍后的时间点进行处理和分析，不要求实时获取和处理。这些数据可能是由实时数据、历史数据或其他来源产生的，经过存储后，可以根据需要进行后续的查询、分析和使用。

支持离线数据：要求平台必须具备处理和分析离线数据的能力。用户应该能够将预先存储或记录的离线数据导入平台，并进行后续的查询、处理和分析。平台应提供适当的工具和功能，以支持对离线数据的读取、转换和集成。

② 关键技术

数据传输协议：条款应规定支持实时数据传输和离线数据同步的标准协议，例如，HTTP、WebSocket等。这些协议可确保数据在网络中安全、高效地传输。

数据存储和管理：为实现离线数据的存储和管理，需明确指示使用合适的数据库或文件系统。例如，可以使用分布式数据库（例如，Hadoop、MongoDB）或云存储服务

（例如，AWS S3、AzureBlob Storage）来存储离线数据，并提供有效的数据索引和查询功能。

数据同步与复制：为了实现实时数据更新和离线数据同步，应列明采用的数据同步和复制机制。例如，可以使用变更数据捕获技术来捕获实时数据的变更，并使用数据复制或消息队列等方式将数据同步到离线环境中。

数据处理与计算：为支持实时数据分析和离线数据处理，条款需说明使用的数据处理与计算技术。例如，可以采用流式处理框架（例如，Apache Kafka、Apache Flink）来处理实时数据，并使用批处理框架（例如，Apache Spark、Hadoop Map Reduce）对离线数据进行大规模计算和分析。

缓存技术：为提高实时数据访问速度，条款应指明使用的缓存技术。例如，可以使用分布式缓存系统（例如，Redis、Memcached）来缓存常用的实时数据，以减少对后端存储系统的访问压力。

③能力要点

实时数据采集和处理能力：应确保系统具备实时数据采集的能力，能够及时接收和处理实时数据流。这包括定义适当的数据采集频率、使用合适的协议和技术来接收实时数据，并实现实时数据的验证、清洗、转换和聚合等处理。

实时数据存储和索引能力：应规定系统能够高效地将实时数据存储，并提供可靠的数据索引和查询功能。这可能涉及选择合适的数据库或存储系统，设计合适的数据模型和索引策略，以及确保数据的持久性和一致性。

实时数据分析和可视化能力：应指示系统能够实时地对数据进行分析和可视化，以便用户能够及时获取和理解数据的洞察。这可能包括实时报表和可视化仪表板的设计和开发，以及支持实时数据分析的算法和工具的集成。

离线数据同步和存储能力：应明确系统支持离线数据同步和存储的能力。这涉及将实时数据定期同步到离线环境中，以便在无网络连接或网络不稳定的情况下进行数据访问和处理。系统应具备离线数据存储的能力，包括选择合适的数据库或文件系统，并设计有效的数据同步和复制机制。

离线数据处理和分析能力：应规定系统能够对离线数据进行处理和分析，以提取有价值的信息和洞察数据。这可能涉及使用大数据处理框架、机器学习算法或其他分析工具来进行数据挖掘、模式识别、预测和优化等任务。

④平台案例：震兑羽林岸基数据平台

震兑羽林岸基数据平台能够支持实时数据和离线数据处理，可以实现对工业数据的采集、存储、分析和可视化，以及对离线数据的同步保存和处理。

震兑羽林岸基数据平台在该条款的技术优势主要体现在以下 4 个方面。

➢ 实时数据采集与处理：利用先进的实时数据采集技术，能够快速、准确地捕获各种工业数据源的实时数据流。它支持常用的传输协议，并具备数据清洗、转换和聚合的能力，以提供高质量的实时数据。

➢ 实时数据存储和索引：采用高效可靠的数据库系统，能够存储大量的实时数据，并提供稳定的数据索引和查询功能。这样，用户可以迅速访问和检索所需的数据，支持实时决策和反应。

➢ 离线数据同步与存储：支持对实时数据进行定期离线同步，将数据存储到离线环境中。这样即使在无网络连接或网络不稳定的情况下，用户仍然可以访问和处理数据，确保业务的连续性和数据的可靠性。

➢ 离线数据处理与分析：提供强大的离线数据处理和分析能力，支持海量数据的批处理和复杂计算任务。用户可以利用大数据处理框架和机器学习算法，在离线环境中挖掘潜在的模式、趋势和异常，为业务决策提供有力支持。

（二）数据质量

1. 定义

数据质量是指数据的完整性、准确性、一致性、及时性和可信度等方面的特征和属性，对数据分析和决策具有重要影响。高质量的数据可信度高、更新及时，能够提供可靠的基础，支持准确的决策和业务优化。

2. 数据质量的价值

数据质量的价值在于提供可信、可靠的数据基础，为企业决策和业务优化提供准确、可靠的支持。高质量的数据确保分析结果的准确性和可信度，降低误导性决策的风险，帮助企业把握市场机会、降低成本、优化运营和提升竞争力。此外，数据质量的提高还能够加强数据共享和合作，推动数据驱动的创新和业务发展。总之，数据质量的价值在于为企业提供可靠的决策基础，提高业务效能和竞争力。

3. 关键指标

数据质量能力的关键指标评价如下。

➢ 数据质量校验算法数量。

➢ 数据质量告警时效性。

4. 标准条款

（1）应具备数据质量校验能力，包括缺失值校验、超限校验等

① 名词解释

缺失值：数据集或数据中不存在的模式或数据，一般分为3种：一是完全随机缺失，指的是数据的缺失是随机的，数据的缺失不依赖于任何不完全变量或完全变量；二是随机缺失，指的是数据的缺失不是完全随机的，即该类数据的缺失依赖于其他完全变量；三是非随机缺失，指的是数据的缺失依赖于不完全变量自身。

超限：因为每种数据类型存储的数据是有范围的，所以超出该范围，数据会越限，造成数据错误。平台会根据数据的类型和值域等条件，校验出不在范围内的值，根据用户的选择进行剔除或修正。

数据质量校验算法：实现数据的完整性和一致性检查，提升数据质量，数据质量校验是一个集数据采集、预处理、比对、分析、预警、通知和问题修复的完整数据质量管控链条。该算法能够对所收集的数据进行分类或分组前的审核、筛选等必要的处理，得到标准的、干净的、合理的数据，提供给下一步使用。

② 条款解读

➢ 应支持多种数据质量校验场景，有效且快速地发现数据问题。

➢ 应具备丰富的数据质量校验算法。

➢ 可基于元数据管理平台的数据对象配置校验算法，实现数据管理与数据质量校验的无缝衔接。

③ 能力要点

➢ 可管理多数据源，支持覆盖常见所有数据库的连接。

➢ 可灵活配置不同的校验算法，支持自定义校验算法。

➢ 可实现问题数据分流，分开存储校验出来的正确数据和错误数据。

④ 平台案例：数据慧智平台

数据慧智平台可无缝集成流程管理平台BPM，提供企业级范围的数据质量管理流程与方法论，可利用平台提供的缺失值校验、超限校验或其他自定义的数据质量校验算法，生成问题异常工单，描述异常内容。根据校验出的数据质量问题，系统会自动根据错误分类自动生成问题处理工单分配给相应的管理员审核，实现质量问题的可管、可控、可追溯。数据质量管理流程示意如图4-15所示。

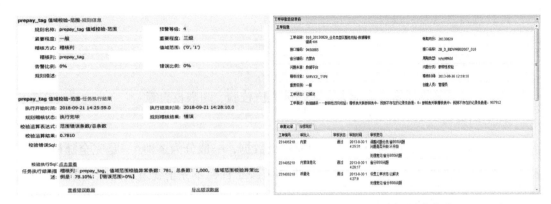

(a) 任务执行情况　　　　　　(b) 工单审批信息查看

图4-15　数据质量管理流程示意

（2）应支持建立数据质量异常监测规则

① 名词解释

数据质量是基于元数据通过校验数据确保数据的及时性、完整性、准确性、一致性、唯一性及合理性，保证各系统之间数据的统一性。

异常规则是判断数据是否可用的规则，例如，通过空值、唯一、同比、环、标杆值（六性）等一系列手段进行质检判断。对数据异常进行规定，包括判断不符合校验规则、无法验证数据正确性和有效性的数据，以提高数据的可信度和质量，为决策者提供可靠的数据基础。

② 能力要点

➢ 应适配多源异构数据，支持各种主流数据库的适配。

➢ 可灵活配置不同的异常判断规则，支持自定义建立规则，具备可扩展性。

➢ 支持智能运用异常规则对数据质量进行诊断，平台支持对失败、告警的sql节点、存储过程、shell节点、数据流节点、自定义节点等可根据用户配置的规则进行智能诊断，快速分析出问题环节。

③ 平台案例：数据慧智平台

数据慧智平台支持任务实例执行过程可视化监控，包括判断异常任务目前的监控状态、依赖关系、运行日志，支持对判断异常的流程实例进行暂停、终止、恢复和优先级调整等功能。平台还可实现全图形化的规则配置界面，支持异常规则和校验流程的可视化配置。大数据生产视图如图4-16所示。

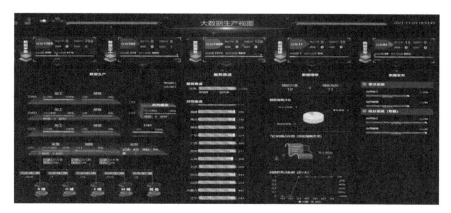

图4-16 大数据生产视图

（3）应支持自主配置数据质量评分规则，支持生成数据质量评估报告

① 名词解释

评分规则配置功能是指支持针对数据质量进行评分规则的设计、制定、发布、配置和废止的全过程管理，将定义好的评分规则灵活配置到数据质量校验过程中，保证数据的合规性和规范性。

数据质量评估报告是指针对数据进行多维度质量分析报告，可形成全面专业的平台级、单一对象级的数据质量报告，一般支持以校验对象为单元的总体分析和以校验规则为单元的明细分析，按时间范围、主题维度筛选数据质量分析报告。

② 条款解读

➢ 可定期生成数据质量分析报告，对数据稽核及数据处理结果进行综合评估，通过评估定位数据问题，且对质量差的数据实现流程化处理。

➢ 可自定义配置评分规则，平台应提供自定义规则扩展功能，针对用户特殊的校验场景，可以进行规则扩展开发，实现个性化的数据质量校验需求。

③ 能力要点

➢ 可定义数据质量得分规范。

➢ 支持自动化的校验任务执行，实现评估报告的设计与配置，基于调度的触发机制，实现评估任务的自动化执行。

➢ 提供丰富的数据文件抽取和加载组件，支持 Hadoop 分布式文件系统及文件传送协议资源的 TXT、XML 和 CSV 等格式的文件类型。

➢ 支持形成全面专业的平台级、单一对象级的数据质量报告，支持以校验对象为单元的总体分析和以校验规则为单元的明细分析,按时间范围、主题维度筛选数据质量分析报告。

④ 平台案例：数据慧智平台

数据慧智平台可智能化校验规则推荐,支持多种内置及自定义算法对接入数据进行剖析探查,直观展现数据情况,辅助用户快速了解数据,为数据质量校验及预处理提供智能化推荐,而后定期生成数据质量评估报告,对数据稽核及数据处理结果进行综合评估,通过评估定位数据问题,确保数据的可用性。数据质量分析、质量评估维度和稽核检测情况示意如图4-17所示。

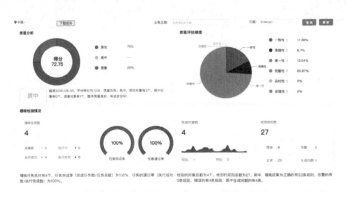

图4-17　数据质量分析、质量评估维度和稽核检测情况示意

（4）应支持数据质量异常的实时告警

① 名词解释

数据质量异常是针对数据资源进行校验,检验数据的及时性、完整性、准确性、一致性、唯一性、合理性,以及各系统之间数据的统一性等,以便及时发现异常。

实时告警是在针对实时数据资源进行实时监控时,监测到异常后所产生的告警。一般告警控件中会显示告警信息、告警时间、告警程度、告警状态、用户是否确认、是否恢复和重复告警次数等信息。

② 条款解读

➢ 应具备实时监控能力,提供可视化、端到端、透明化的统一任务监控入口,实现端到端实时监控、充分整合数据流转的监控关键点,实现精确指向、分析监控、快速锁定,实时产生告警。

➢ 应具备全局运维能力,打通从数据中心采集、加工、稽核的全流程主线管理,支持事前规则配置,才能及时发现故障问题。

③ 能力要点

➢ 被告警数据存储分流,实现在校验过程中将被告警数据和正确数据分开存储,达到数据边稽核边清洗,同时能够形成问题数据库,方便对数据质量进行下一步整改。

➢ 告警问题处理流程化，无缝集成流程管理平台，提供企业级范围的数据质量管理流程与方法论，针对告警的数据质量问题，系统会自动根据错误分类自动生成问题处理工单分配给相应管理员审核，实现质量问题的可管、可控、可追溯。

④ 平台案例：数据慧治平台

数据慧治平台可提供数据治理平台流程主线管理，包含数据建模、数据集成、质量稽核、统一调度、数据服务、数据资产、数据安全和元数据管理八大功能模块，全面、清晰地展现出数据治理过程的流程主线，可实现数据质量异常的实时监控和告警。数据治理过程的流程主线示意如图 4-18 所示。

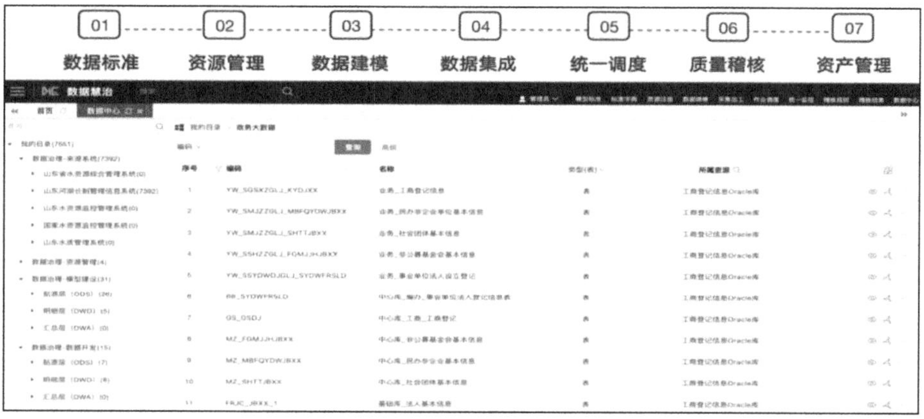

图4-18　数据治理过程的流程主线示意

（三）数据处理

1. 定义

数据处理是从大量的原始数据中抽取有价值的信息，是对数据进行整合加工的过程。其过程包含对数据的清洗、转换、加密和分发等过程。

2. 数据处理的价值

数据处理是从大量的、可能是杂乱无章的、难以理解的数据中抽取并推导出对于某些特定的人们来说是有价值、有意义的数据。简单来说，就是通过数据管理，收集信息并将信息用数据表示和保存；通过数据加工，对数据进行变换、抽取和运算，得到更有用的数据，以指导或控制人的行为或事物的变化趋势；通过数据传播，理解信息，从而使信息充分发挥作用。

3. 关键指标

数据处理能力的关键指标评估如下。

➢ 数据处理支持的数据类型。

➢ 数据处理流程的执行速度。

➢ 数据处理流程支持的数据量级。

4. 标准条款

（1）应具备数据清洗功能，包括缺失数据、重复数据的情况

① 关键技术

常见的数据清洗技术包括以下 6 种。

数据去重：去除数据集中的重复记录。可以通过比较记录中的唯一标识符或关键字段来实现。

缺失值处理：填补数据集中的缺失值。可以使用插值、平均值、中位数和众数等方法进行处理。

异常值处理：检测和处理数据集中的异常值。异常值可以被删除或替换为可接受的值。

数据标准化：将数据格式标准化，调整为一致的格式，以便处理和分析。例如，可以将日期格式标准化（为 ISO 格式）。

数据转换：数据转换实质上是转换数据的格式，其目的主要是便于处理和分析数据。例如，将文本格式的日期转换为日期格式。

数据验证：确保数据集中的数据准确性和完整性。例如，可以验证邮件地址是否符合标准格式，或验证电话号码是否正确。

② 能力要点

➢ 支持异常值处理的算法种类。

➢ 支持清洗的数据格式类型。

➢ 数据清洗流程的执行速度。

（2）应支持通过可视化的方式构建数据处理流程

① 名词解释

可视化：利用计算机图形学和图像处理技术，将数据转换成图形或图像在屏幕上显示，再进行交互处理的理论、方法和技术。

② 条款解读

➢ 应支持可视化工具与图形化界面。

➢ 应具备丰富的数据处理功能与算法库。

➢ 应具备可扩展性与可重用性。

③ 能力要点

➢ 支持数据处理流程的构建方式种类。

➢ 支持数据处理的操作类型。

➢ 构建数据处理流程的执行速度。

（3）应支持数据处理流程的实时、定时调度，并对执行中的数据处理流程进行可视化监控

① 名词解释

对数据处理流程的实时或定时调度指的是按照预定的时间表或触发条件，自动触发和执行数据处理流程的操作。实时调度表示流程会立即启动并按照设定的频率或事件触发执行，而定时调度则是按照预设的时间计划执行流程。这种调度机制可以确保数据处理流程在特定时间或事件发生时自动运行，无须人工干预，提高数据处理的效率和准确性，并确保数据的及时性和实时性。

② 条款解读

➢ 应具备定时和实时调度功能。

➢ 应支持对执行中的数据处理流程进行可视化监控。

➢ 应具备异常处理和告警机制。

③ 能力要点

任务执行总体情况。支持查看处理任务执行总体情况，包含处理任务总数、总执行任务次数、总成功次数和总失败次数等，支持实时查看及下载处理任务执行日志。

数据处理统计。数据处理概况展示数据处理任务的监控记录和统计数据，包括数据处理任务的监控记录、错误记录、监控数据的趋势分析和监控任务的统计等信息。

（4）应支持自定义数据处理算法，实现数据处理能力的扩展

① 名词解释

对数据处理算法的自定义指的是根据具体业务需求和数据特征，通过编程或配置等方式自主设计和定义数据处理的算法逻辑和规则。通过自定义算法，可以灵活地调整数据处理的方式和策略，使其更好地适应特定的数据处理需求和业务场景。这种自定义能力可以帮助企业根据实际情况对数据进行更精确和个性化的处理，从而提高数据分析和决策的准确性和效果。

② 条款解读

➢ 应支持编程或配置方式对数据处理算法进行自定义。

➢ 应具备可扩展性与可插拔性。

➢ 应提供算法调试与测试工具。

③ 能力要点

平台具有可插拔、可独立部署的特性，模块可独立或任意组合使用，快速满足工业企业不同的数据处理场景，能够满足工业企业的需要，可适应用户在不同时期不同的管理需要。

（5）宜支持内存计算，实现实时分析

① 名词解释

内存计算是一种基于内存存储和计算的数据处理方式。与传统的磁盘存储相比，内存存储具有更高的读写速度和响应能力，能够快速加载和处理数据。内存计算通过将数据存储在内存中，并直接在内存中执行计算操作，极大地提高了数据处理的速度和效率。内存计算能够实现实时或近实时的数据分析、查询和计算，支持快速的数据处理和实时决策，对于工业领域的大数据处理具有重要的意义。

② 条款解读

➢ 应具备高速读写和计算能力。

➢ 应支持即时响应和实时决策。

➢ 应支持实时数据可视化监控。

③ 能力要点

➢ 支持加载与处理的数据规模。

➢ 支持实时数据查询和分析操作。

➢ 实时分析流程的执行速度。

（四）数据分析

1. 定义

数据分析是指运用统计学、机器学习和数据挖掘等技术，对大规模的工业数据进行解释、发现模式和洞察，并从中提取有价值的信息，以支持决策制定、问题解决和业务优化的过程。

2. 数据分析的价值

数据分析的价值在于它能够帮助企业从海量的工业数据中提取有意义的信息，实现优化生产过程、提高生产效率、降低成本、增强产品质量、预测和规避潜在的故障与风险、发现新的市场机会、改进供应链管理、增强用户满意度等。通过数据分析，企业能够基于客观数据做出准确的决策，提升竞争力，实现可持续发展。

3. 关键指标

数据分析能力的关键指标评估如下。

➢ 数据分析模型的数量与类型。

➢ 支持的数据分析模型分析方法种类。

4. 标准条款

（1）应具备元数据、数据字典管理功能

① 名词解释

元数据是指描述和定义数据的数据，它提供了关于数据的信息和上下文，包括数据的定义、结构、属性、关系，以及数据的来源、创建时间、更新时间等详细描述。元数据用于帮助用户理解和使用数据，支持数据的发现、查询、分析和集成，以及实现数据的管理、共享、合规性和安全性。通过元数据管理，工业企业能够更好地组织和管理数据资源，提高数据的质量、可信度和可发现性，实现更有效的数据管理和应用。

数据字典是一个记录和定义数据元素、数据结构和数据关系的集合，它提供了关于数据的详细描述，包括数据的名称、定义、数据类型、取值范围和业务规则等信息。数据字典充当了数据的指南和参考手册，能够帮助用户理解和解释数据，确保数据的一致性和可理解性，促进数据的交流、共享和集成。通过构建数据字典，工业企业能够更好地管理和利用数据资源，减少数据的冗余和错误，提高数据的可靠性和可用性，支持数据驱动的决策和业务优化。

② 条款解读

➢ 应支持元数据管理功能。

➢ 应支持数据字典管理功能。

➢ 应支持数据资源的集中管理和共享。

③ 能力要点

➢ 支持全面的元数据收集和管理。

➢ 具备元数据和数据字典的共享和集成能力。

➢ 具备与其他功能的集成能力。

（2）应支持通过可视化的方式构建数据分析模型

条款解读如下。

应支持使用可视化工具和技术，以图形化的方式进行数据分析模型的构建。可视化的数据分析模型构建方式使非技术专业人员也能够参与到数据分析和模型构建中，加速了模型的开发和应用，并提供了更直观、易理解的数据分析结果和模型效果展示。

（3）应支持数据分析模型的测试

条款解读如下。

应支持对数据分析模型进行全面测试，包括但不限于对模型的准确性、性能、鲁棒性等方面的评估，确保模型在实际应用中的准确性、稳定性和可靠性。

（4）应支持数据分析模型的关联与组合

① 名词解释

数据分析模型的关联关系是指不同模型之间的相关性和相互作用。这包括模型之间的输入/输出关系、依赖关系和协同关系等。通过建立和分析模型之间的关联关系，可以实现数据流转、模型协同和综合分析，进而提高数据分析的准确性和全面性。

② 条款解读

➢ 应提供灵活的模型集成功能。

➢ 应具备统一的数据管理能力。

➢ 应提供多种模型调用接口。

③ 能力要点

➢ 支持集成的数据分析模型种类。

➢ 提供定义和管理模型关联规则的功能。

➢ 具备可视化展示功能。

（5）应支持数据分析模型的版本管理

① 名词解释

对数据分析模型的版本管理是指对模型进行版本控制和管理的过程。它涉及记录和跟踪模型的不同版本、变更历史、更新内容等信息，以便于模型的追溯、回滚和团队协作。通过版本管理，可以确保模型的可追溯性、一致性和可靠性，还方便团队成员之间进行合作和交流，提高模型开发和维护的效率。

② 条款解读

➢ 应提供全面的数据分析模型版本管理能力。

➢ 应具备变更管理与追溯能力。

③ 能力要点

➢ 支持的版本控制类型。

➢ 支持的版本记录和追溯的详细信息。

➢ 版本追溯可以回溯到的最早时间。

（五）数据资产

1. 定义

数据资产是指企业拥有、管理和利用的有价值的数据资源。数据资产包括各种类型的数据，例如，实时传感器数据、生产数据、销售数据和用户数据等，这些数据被视为企业重要的资产，可用于洞察市场趋势、优化业务流程、支持决策制定和创新等方面。

2. 数据资产的价值

数据资产的充分利用可以帮助企业发现潜在的商机和增长点，提高运营效率和生产质量，降低风险和成本，加强客户关系和市场竞争力。数据资产的价值还体现在推动数据驱动的创新和业务转型，为企业带来新的商业模式和增值服务，从而实现持续增长和可持续发展。

3. 关键指标

数据资产能力的关键评估指标包括平台管理的数据资产规模。

4. 标准条款

（1）应支持数据分类分级管理

① 名词解释

数据分类：数据分类是将数据根据其属性、特征或用途进行划分和归类的过程。分类可以按照不同的因素进行，例如，数据类型（文本、图像、视频等）、数据来源（传感器数据、用户输入数据等）或数据主题（销售数据、人力资源数据等）等。

数据分级：数据分级是根据数据的敏感性、重要性或机密性等因素，将数据划分为不同的级别或层次。常见的数据分级包括公开数据、内部数据和机密数据等。数据分级可以根据不同的场景和需求进行定义，并赋予相应的访问权限并实施相应的保护措施。

② 条款解读

数据分类分级功能的要求表明，在数据资产管理系统中，应该具备将数据按照其属性、敏感性、重要性等因素进行分类和分级的功能。这样可以帮助企业清晰地了解和识别数据的类型和重要程度，从而更好地进行数据的管理、存储和使用。

③ 关键技术

数据标记和标识：为不同等级的数据添加标记或标识符，以便系统能够识别并区分它们。这可以通过在数据文件中添加元数据、标签或分类代码来实现。

访问控制和权限管理：采用访问控制策略，确保只有经过授权的人员可以访问特定的数据等级。这可以通过身份验证、角色授权和访问审计等方法来实现。

④ 能力要点

数据分类与分级能力：应明确规定数据分类的标准和方法，并将数据分为不同的等级或类别，例如，公开数据、内部数据和敏感数据等。这有助于对不同等级的数据进行适当的管理和保护。

权限控制与访问管理能力：应规定对不同等级的数据实施适当的权限控制措施，确保只有经过授权的人员可以访问特定的数据。这涉及身份验证、访问审批和权限分配等方面的规定。

数据安全保护能力：应明确规定对不同等级的数据实施相应的安全保护要求。这包括数据加密、数据备份、防火墙设置、入侵检测和防护系统等技术措施，以确保数据在传输和存储过程中的安全性。

数据处理与传输要求能力：应规定对不同等级的数据采取何种方式进行处理和传输。例如，在处理高等级数据时可能需要采用安全的加密算法，而在传输数据时可能需要使用安全通信协议。

审计与监控能力：应规定建立数据资产的审计与监控机制，以跟踪和记录数据的访问和使用情况。这包括日志记录、安全事件报告和监控系统等，以及实时监测和响应异常活动。

数据保留与销毁能力：应规定对不同等级的数据采取何种方式进行保留和销毁。这需要考虑数据的保留期限和销毁方法，以确保数据能够被安全地销毁。

⑤ 平台案例：震兑羽林岸基数据平台

震兑羽林岸基数据平台通过引入数据分类分级功能模块，实现了数据的有效分类和准确分级，从而提升了数据管理和应用的效果。

震兑羽林岸基数据应用平台在该条款的技术优势主要体现在以下4个方面。

➢ 智能分类算法：采用先进的智能分类算法，能够自动对大量的工业数据进行分类，快速、准确地将数据归类到不同的分类标签下。使用户不需要手动标记和分类数据，节省了大量的时间成本和人力成本。

➢ 多维度分级模型：基于多维度分级模型，可以根据不同的需求和应用场景，对数据进行灵活的分级。用户可以根据数据的敏感程度、重要性和访问权限等因素进行定制化的分级设置，确保数据的安全性和可控性。

➢ 实时更新和调整：支持实时更新和调整数据的分类和分级。随着工业数据的不断产生和演变，平台能够及时响应并进行相应的分类和分级调整，保证准确管理和应用新数据。

➢ 数据关联与分级传递：能够实现数据的关联和分级传递，保证数据的完整性和一致性。通过对不同分类的数据进行关联，有效地将相关数据进行传递和共享，提升了数据的综合应用效果。

（2）应支持构建数据资产目录，按照不同的主题域进行数据资产分类

① 条款解读

数据资产：指组织或企业所拥有的、具有一定价值和意义的数据资源。数据资产可以包括各种类型的数据，例如，结构化数据（例如，数据库记录）、非结构化数据（例如，文档、图像、音频等），以及半结构化数据（例如，日志文件、传感器数据等）。

数据资产目录：指对组织或企业的数据资产进行系统化管理和组织的目录或索引。数据资产目录记录了所有数据资产的详细信息，包括数据的名称、描述、所属主题域、所属部门或团队、数据的来源和更新频率等，以便用户能够查找和访问所需要的数据资产。

支持构建数据资产目录：该条款要求系统应支持建立一个统一的数据资产目录。数据资产目录是对组织或企业的所有数据资产进行集中管理和组织的目录或索引。它记录了所有数据资产的详细信息，方便用户查找和访问所需要的数据。

主题域：在数据管理中，主题域是指将数据按照特定的主题或领域进行分类和组织的方式。主题域可以是业务功能（例如，销售、供应链、人力资源等）、数据类型（例如，用户数据、产品数据、交易数据等）或其他相关的概念。通过按照不同的主题域对数据进行分类，可以更好地管理和组织数据资产，使数据更易于被理解、发现和使用。

按照不同的主题域进行数据资产分类：该条款要求在数据资产目录中，数据资产应按照不同的主题域进行分类。主题域可以是业务功能、数据类型或其他相关概念。按照主题域进行分类，可以更好地管理和组织数据资产，使数据易于被理解和使用。

数据资产分类：将数据资产按照一定的分类标准和规则进行划分和归类。在条款中提到的数据资产分类是按照不同的主题域进行分类，即将数据资产根据其所属的业务功能、数据类型等主题域进行划分，以方便用户能够快速识别和访问特定主题域下的数据资产。

数据资产分类的目的：数据资产分类的目的是方便用户根据特定的主题域快速识别和访问相关的数据资产。通过将数据资产按照主题域划分，用户可以更加高效地搜索和浏览数据，提高工作效率。

② 关键技术

元数据管理：元数据是对数据资产的描述信息，包括数据的名称、描述、来源、格

式和结构等。元数据管理是指对元数据进行收集、存储、维护和查询的过程。通过建立和管理元数据，可以帮助构建数据资产目录，并提供数据资产分类所需的信息。

数据标准化：数据标准化是将组织内部的数据进行统一的命名规范、格式规范和数据类型规范等处理。通过数据标准化，可以提高数据的一致性和可比性，便于分类和管理数据资产。

数据分类算法和模型：针对不同的主题域，可以使用各种数据分类算法和模型来对数据进行分类。例如，可以使用文本分类算法对文档数据进行分类，可以使用聚类算法对数据进行聚类等。这些算法和模型可以自动化地将数据资产按照主题域进行分类。

数据目录系统：数据目录系统是一个用于管理和组织数据资产的软件系统或平台。它提供了用户界面、搜索功能和浏览功能等，以便用户能够方便地查找和访问数据资产。数据目录系统可以与元数据管理、数据标准化和数据分类算法等技术相结合，支持构建数据资产目录，并按主题域进行数据资产分类。

③ 能力要点

平台管理的数据资产规模：数据资产管理平台能够处理和管理大规模的数据资产，包括存储、检索、处理和保护数据。

数据资产目录构建能力：系统应具备构建数据资产目录的能力，能够收集、存储和管理组织或企业的所有数据资产。目录中应包含数据资产的基本信息，例如，名称、描述、来源和格式等。

数据资产分类能力：系统应支持根据不同的主题域对数据资产进行分类。这需要系统具备分类算法或模型，能够自动或半自动地将数据资产按照主题域进行归类，方便用户查找和使用特定主题下的数据。

查询与浏览功能：系统应提供强大的查询和浏览功能，使用户能够根据关键词、主题域等条件进行检索，并快速定位所需的数据资产。用户可以通过目录浏览、搜索和过滤等方式浏览数据资产，以满足各种使用需求。

④ 平台案例：震兑羽林岸基数据平台

震兑羽林岸基数据平台构建了一个完善的数据资产目录，并将数据按照不同的主题域进行分类。例如，可以按照生产线、设备类型和产品品类等对数据进行分类。

平台在该条款的技术优势主要体现在以下两个方面。

➢ 数据资产目录构建：平台支持构建细致的数据资产目录，用户可以根据不同的主题域对数据进行分类和组织，使得数据更易于管理和查找。

➢ 数据分类和标注：平台可以根据不同的分类标准对数据进行分类和标注，这样用户可以更方便地找到所需的数据，并准确地理解数据的含义和价值。

（3）应支持数据资产的创建、删除、修改、发布

① 条款解读

创建数据资产：应明确规定谁有权创建数据资产，以及创建数据资产的程序和标准。这包括确定需要收集哪些数据、如何收集数据、数据格式和结构要求等。

删除数据资产：应说明在哪种情况下可以删除数据资产，例如，数据不再被需要、数据涉及隐私问题等。同时，条款还应规定删除数据资产的程序和方法，以保证数据隐私和安全。

修改数据资产：应规定谁有权修改数据资产，以及如何进行修改。这可能涉及对数据进行更新、校正或调整，确保数据的准确性和完整性。

发布数据资产：应明确规定谁有权发布数据资产，以及如何发布。这包括确定发布的渠道和方式，以确保数据被正确地传播和使用。

② 能力要点

创建数据资产能力：应规定数据资产的创建流程和要求，包括如何收集、整理和录入数据，以及必要的数据标准和格式要求。还应明确创建人员的责任和权限，并记录相关的元数据信息，便于后续管理和使用。

删除数据资产能力：应规定数据资产的删除流程和条件，包括如何识别和确认需要删除的数据资产，以及删除操作的权限和审批要求。同时，条款还应考虑数据备份和恢复的需求，确保删除操作不会导致数据的永久丢失。

修改数据资产能力：应规定数据资产的修改流程和控制机制，包括哪些信息可以被修改，修改的权限和审核要求，以及修改操作的记录和追踪。此外，需要考虑对已有数据的版本管理和变更历史的记录，确保数据的可追溯性和可信度。

发布数据资产能力：应规定数据资产的发布流程和权限管理，包括确定发布的范围和对象，发布的方式和渠道，以及发布前的质量检查和审批流程。同时，需要考虑数据的安全性和隐私保护，防止未经授权的访问和使用。

③ 平台案例：震兑羽林岸基数据平台

震兑羽林岸基数据平台构建了数据资产模块，实现了数据资产的创建、删除、修改和发布等功能，从而满足了该条款的要求。

平台在该条款的技术优势主要体现在以下4个方面。

➢ 高效的数据管理：采用先进的数据管理技术，能够高效地管理数据资产。通过平台提供的界面和功能，用户可以方便地创建、删除、修改和发布数据资产，从而实现对数据的全生命周期管理。数据质量标准设定示意如图4-19所示。

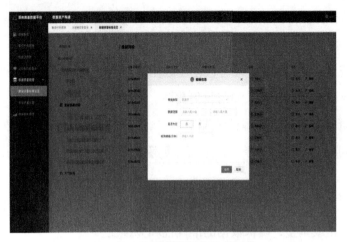

图4-19 数据质量标准设定示意

➤ 灵活的定制化能力：具备灵活的定制化能力，可以根据不同行业和企业的需求进行定制开发。用户可以根据实际情况自定义数据资产的属性、字段和操作方式，以满足各种复杂的业务需求。

➤ 安全保障机制：设置了强大的安全保障机制，保护用户的数据资产不受非法访问和篡改。平台采用严格的权限管理策略，确保只有授权人员可以对数据资产进行操作，并提供日志记录和审计功能，方便追溯数据的修改和发布历史。

➤ 强大的扩展性：具备强大的扩展性，可以与其他系统和设备进行无缝集成。通过平台提供的接口和插件机制，用户可以将数据资产与现有的工业设备、监控系统等进行连接，实现数据的实时采集和跨系统的数据流动。

（4）应支持数据资产的权限管控

① 名词解释

数据资产：明确定义数据资产，包括各种类型的数据，例如个人信息、客户数据和销售数据等。

权限管控：规定了数据资产的访问权限和使用权限的分配原则和机制，确保只有经过授权的人员可以访问和使用相关数据。

② 条款解读

访问控制：确保只有经过授权的人员可以访问特定的数据资产。这有助于减少未经授权的访问和数据泄露的风险。

使用控制：规定了对数据资产使用的权限和限制条件，包括使用范围、目的和方式等。通过使用控制，可以防止数据被滥用或不当使用。

数据分类和标记：对数据资产进行分类和标记，根据敏感程度和机密性确定适当的权限级别,有助于精确控制数据的访问权限,并确保敏感数据得到额外的保护。

审计和监控:建立审计和监控机制,对数据的访问和使用进行跟踪和记录,有助于及时发现异常行为,并进行相应的调查和处理。

③关键技术

访问控制技术:访问控制是实现权限管控的核心技术之一。常见的访问控制技术包括身份验证和授权机制:身份验证技术可用于确认用户的身份,例如用户名和密码、双因素认证等;授权机制用于确定用户能够访问哪些数据资产,以及以何种方式访问数据资产。

数据分类和标记技术:对数据进行分类和标记有助于精确控制数据的访问权限。这些技术可以通过为数据添加标签、元数据或属性来标识数据资产的敏感程度、保密级别和访问限制条件。

加密技术:加密是一种常用的数据保护技术,可在数据传输和存储过程中对数据进行加密。通过使用加密算法和密钥管理,可以确保数据在传输和存储中的安全性,即使数据被非法获取也无法读取其内容。

审计和监控技术:审计和监控技术用于跟踪和记录对数据资产的访问和使用情况。这些技术可以通过日志记录、事件触发和报警机制来监控和检测异常活动,以及提供审计追溯功能,用于调查和识别潜在的安全风险。

④能力要点

访问控制能力:确保只有经过授权的用户可以访问特定的数据资产。这包括身份验证、用户角色管理和权限分配等功能,以限制不同用户对数据的访问权限。

数据分类和标记能力:对数据进行分类和标记,标识数据的敏感程度、保密级别和访问控制条件。有助于将不同的权限级别应用于不同类别的数据,并确保数据被正确地处理和保护。

数据加密和解密能力:对数据进行加密,保护数据在传输和存储过程中的安全性。同时,提供相应的解密能力,以确保合法用户能够正确地解密和使用数据。

审计和监控能力:建立审计和监控机制,跟踪和记录对数据资产的访问和使用活动。这包括生成日志、监测异常行为、触发警报和提供审计追溯等功能,以便及时检测和应对潜在的安全问题。

⑤平台案例:震兑羽林岸基数据平台

震兑羽林岸基数据平台实现了对数据资产的全面权限管控,确保数据的安全和隐私。震兑羽林岸基数据平台在该条款的技术优势主要体现在以下3个方面。

➢ 细粒度权限控制:采用了细粒度的权限控制机制,可以对数据资产进行精确到用户和角色级别的权限划分。这意味着每个用户或角色只能访问其所需的数据，从而实现了对数据的精细化管控。

➢ 强大的身份认证与鉴权：集成了先进的身份认证与鉴权技术，确保只有经过授权的用户才能访问敏感数据。并通过多重身份验证机制，包括密码、令牌和指纹等方式，有效防止非法用户获取数据。

➢ 审计和监控功能：提供了完善的审计和监控功能，可以全面记录和监测数据的访问、修改和删除等操作。这样可以及时发现异常行为并进行处理，保障数据的完整性和可靠性。

（5）应支持数据资产的可视化展示与分析

① 条款解读

可视化展示：条款要求支持将数据资产转化成易于理解和分析的可视化形式。这意味着数据处理方应提供可视化工具和技术，以便用户能够以图表、图形或仪表板等形式浏览和展示数据。

数据分析：条款要求支持对数据资产进行分析。数据处理方应提供数据分析工具和技术，使用户能够对数据进行深入研究、解释和推断，以发现数据隐藏的模式、关联和洞察，并提供有意义的见解。

② 关键技术

数据可视化工具：这些工具可以将数据转化为易于理解和分析的图表、图形或仪表板。常见的数据可视化工具包括 Tableau、Power BI 和 D3.js 等。

数据分析工具：这些工具用于对数据进行深入研究、解释和推断，以发现隐藏的模式、关联和洞察，并提供有意义的见解。常见的数据分析工具包括 Python 的 pandas、NumPy 等。

③ 能力要点

数据可视化能力：数据可视化工具可以将数据转化为易于理解和分析的图表、图形或仪表板。这些工具可以快速地将数据进行可视化展示，并提供交互式的功能，使用户能够自由地探索数据并获得洞察。

数据分析算法能力：数据分析算法是对数据进行深入挖掘和分析的核心技术。这些算法可以应用于数据集，从中提取有用的信息、模式和趋势。常用的数据分析算法包括聚类分析、关联规则挖掘和时间序列分析等。

数据仓库和数据集成能力：数据资产通常来自多个不同的数据源，需要将这些数据进行整合和存储。数据仓库技术可以有效地组织和管理大规模的数据，提供高效的数据检索和查询功能。

④平台案例：震兑羽林岸基数据平台

震兑羽林岸基数据平台构建了数据资产的可视化展示和分析模块，实现了对工业数据的全面展示和深入分析，从而达到优化生产效率和提升决策能力的目标。

震兑羽林岸基数据平台在该条款的技术优势主要体现在以下 4 个方面。

➢ 强大的数据处理能力：具备高性能的数据处理引擎，能够快速处理大规模的工业数据。通过对数据进行清洗、整合和聚合，平台能够将复杂的工业数据转化为易于理解和分析的形式。

➢ 多维度可视化展示：提供多种图表和可视化方式，支持对工业数据进行多维度的展示，如折线图、柱状图和饼图等，用户可以根据需要自由选择展示方式。这样用户可以直观地查看各种指标的变化趋势和相关关系，更好地理解数据。

➢ 强大的分析工具：集成了各种数据分析算法和模型，支持对工业数据进行深入的统计分析和挖掘。用户可以通过平台提供的分析工具，发现数据中潜在的规律和趋势，为决策提供有力的支持。

➢ 可定制化的展示界面：提供可定制的展示界面，用户可以根据自己的需求和偏好，自定义展示窗口、图表样式等。

（六）数据服务

1. 定义

数据服务是指为用户提供数据相关的支持和服务的过程。它包括数据收集、存储、处理、分析、可视化和交付等环节，以满足用户对数据的需求，并帮助用户更好地理解和利用数据，使用户支持决策制定和业务优化。

2. 数据服务的价值

数据服务的价值在于为企业提供准确、及时的数据支持，帮助企业进行实时监控、数据分析和可视化，以提取有价值的洞察。通过数据服务，企业可以做出更明智的决策、优化运营、识别趋势和机会，实现生产效率提升、成本降低、风险管理和驱动创新，从而增强竞争力、提升用户满意度。

3. 关键指标

数据服务能力的关键指标评估如下。

➢ 每秒钟支持的请求数量。

➢ 单次请求数据服务的吞吐量。
➢ 数据服务的支持种类。
➢ 数据可视化分析的组件数量。

4. 标准条款

（1）应支持 API 服务、文件服务、数据订阅等数据服务类型

① 名词解释

API 服务是指通过 API 提供数据交换和集成的功能。它允许不同系统、应用程序和设备之间的无缝连接和通信，使它们能够共享数据、交换信息和执行操作。API 服务的重要性在于它提供了一种灵活的、可扩展的方式，使不同的数据源和应用程序能够无缝地连接和交互，实现数据共享、功能扩展和系统集成，促进业务流程的自动化和优化，从而提高效率、减少错误，并支持更高级别的数据分析和应用开发。

文件服务是指提供文件存储、管理和访问功能的服务。它涉及将大量的数据文件进行组织、存储、检索和共享，以满足工业企业对于文件管理的需求。文件服务提供了一个可靠和高效的方式来存储和管理大量的数据文件，使企业能够轻松地访问、分享和利用数据文件，支持业务流程的顺畅进行、决策制定和合规性要求的满足。此外，文件服务还可以提供版本控制、权限管理和安全性保障等功能，确保数据的完整性、可靠性和安全性。

数据订阅是指用户通过订阅机制获取特定数据流或数据更新的服务。数据订阅允许用户以预定的方式接收实时或定期更新的数据，而无须主动请求或查询。数据订阅能够使用户及时获取关键数据，支持实时监控、决策制定和业务流程的优化。数据订阅还有助于降低数据获取的工作负担和时延，提高数据的及时性，从而增强企业的数据驱动能力和竞争优势。

② 条款解读

➢ 应支持灵活的 API 管理和开发。
➢ 应具备文件存储、管理和访问控制等功能。
➢ 应提供实时或定期更新的数据订阅服务。

（2）应支持数据服务的权限管理

① 名词解释

数据服务的权限管理是指对数据服务的访问、操作和使用进行合理控制和限制的机制。它包括身份验证、访问控制和权限分配等措施，以确保只有经过授权的用户或角色才可以访问和操作特定的数据服务。

针对数据服务进行权限管理能够保护数据的机密性、完整性和可用性，防止未经授权的访问、滥用或数据泄露，同时，确保合法用户能够获取所需的数据，保障数据的安全性和隐私保护，以满足合规性要求并建立信任关系。

② 条款解读

➢ 应支持强大的身份验证和访问控制机制。

➢ 应具备灵活的权限分配和管理能力。

➢ 应具备完善的审计和日志记录功能。

（3）应支持数据服务的实时监控

① 名词解释

实时监控是指对数据服务进行连续、实时的监测和跟踪，以获取即时的数据状态、性能指标和异常情况的通知。实时监控使用户能够及时获取关键指标和状态更新，及早发现和解决问题，支持实时决策制定和业务流程的优化。对数据服务进行实时监控还有助于提高数据的可靠性、安全性和可用性，提升系统的性能和用户满意度。

② 条款解读

➢ 应具备实时数据采集和处理能力与监控和报警机制。

➢ 应提供可视化和可定制的监控界面与历史数据存储和分析功能。

➢ 应具备高度可扩展和适应性。

（4）宜支持数据情况的可视化分析

① 名词解释

对数据的分布式可视化挖掘是指在分布式环境下，通过可视化工具和技术对大规模、多源数据进行挖掘和发现隐藏的模式、趋势和关联关系，以获得深入的洞察和智能化的分析结果。其重要性在于它能够帮助用户从海量数据中挖掘出有价值的信息和知识，发现新的业务机会和改进方案，促进决策的精确性和效率，以支持工业领域的创新和持续优化。通过分布式可视化挖掘，工业大数据的潜在价值能够得到充分的发掘和利用，推动和提升企业的竞争力和创新能力。

② 条款解读

➢ 应具备灵活的可扩展可视化工具和技术。

➢ 应具备分布式数据存储和处理架构。

➢ 应可实现数据挖掘，提供智能化分析与建议。

③ 能力要点

➢ 支持大规模数据的处理和分析。

➢ 具备多样化的可视化工具和技术。

➢ 具备高效的数据预处理和清洗功能。

四、工业模型开发

工业模型开发是一种涵盖产品设计、制造、测试和应用等环节的综合性技术和管理方法。它通过数字化和智能化技术，提高工业产品的质量和生产效率，推动工业产业的升级和发展。

1. 定义

工业模型是指用于描述和预测工业系统行为和性能的数学模型。它基于对工业系统的观测和数据收集，并通过使用统计学方法和机器学习技术来构建一个模拟模型或预测模型。工业模型可以应用于多个领域，例如，制造业、供应链管理和工业自动化等。

2. 工业模型开发的价值

工业模型的价值在于提供决策支持、预测和优化、资源管理和优化、生产过程优化，以及支持创新和改进。通过应用工业模型，企业可以提高效率、降低成本、提高产品质量，并在激烈的市场竞争中保持竞争优势。通过应用工业模型，企业可以利用数据驱动的方式来优化运营、实现价值创造，并推动工业转型和升级。

3. 关键指标

工业模型开发的关键指标评估如下。
➢ 支持的数据源种类。
➢ 提供的机器学习、深度学习等算法种类与数量。
➢ 提供的模型评估工具种类。
➢ 支持的存放工业模型数量。
➢ 基于平台开发的工业模型数量。

4. 标准条款

（1）应支持基于文字、图片、视频、音频等开发工业模型
① 条款解读
应支持使用文字、图片、视频和音频等不同形式的数据来开发工业模型，以更好地满足工业领域的需求，并使开发者能够在模型训练和应用过程中充分利用多样化的数据类型，有助于从多个角度学习和理解模型。

② 能力要点

➢ 平台模型开发支持的数据源种类。

➢ 支持对工业数据进行处理和分析。

③ 平台案例：柠檬豆工业模型开发训练平台

柠檬豆工业模型开发训练平台支持利用多种技术基于文字、图片、视频和音频等开发工业模型。开发者可以处理、分析和建模各种数据类型，从而开发出适用于工业场景的 AI 模型。

柠檬豆工业模型开发训练平台提供自然语言处理处理文本和文字数据，提供计算机视觉处理图像和视频数据，提供语音识别技术处理音频数据。柠檬豆工业模型开发训练平台示意如图 4-20 所示。

图4-20 柠檬豆工业模型开发训练平台示意

（2）应支持特征工程，包括特征选择、特征提取、特征监控

① 名词解释

特征工程是指将原始数据转化成更好地表达问题本质的特征的过程，将这些特征运用到预测模型中能提高对不可见数据模型的预测精度。特征工程能够显著提升模型性能，高质量的特征能够大大简化模型复杂度，让模型变得高效且易理解、易维护。

② 条款解读

平台应支持模型开展特征工程，针对特定行业，从特定工业模型的原始数据中提取与行业相关的功能描述、非功能描述、算法需求、技术指标度量等特征，供算法和模型使用。

③ 关键技术

特征处理：通过特定的统计方法，将数据转化为算法要求的数据。

特征监控：在模型开发过程中需要对重要特征进行监控和有效性分析，了解模型所用特征是否存在问题。

（3）应提供工业模型开发环境，支持主流的深度学习框架、大数据计算环境、图计算引擎

① 名词解释

深度学习框架是一种软件工具，旨在帮助开发者构建和训练深度神经网络模型，使得开发者能够更加方便地定义、训练和部署深度学习模型，而无须手动实现底层的数值计算和优化算法。

图计算引擎专门用于执行图计算任务。它提供了一种高效的方式来处理图结构数据，其中节点表示实体，边表示它们之间的关系或连接。

② 条款解读

应提供工业模型开发环境，具备主流深度学习框架，包括 TensorFlow、PyTorch 和 Keras 等；主流的大数据计算环境包括 Hadoop、Spark、Flink 和 Storm 等；主流的图计算引擎包括 Apache Giraph、Apache Flink、GraphX 和 Neo4j 等。

③ 能力要点

➢ 平台引擎支持用于任何类型的机器学习，从传统的机器学习到深度学习、监督式和非监督式学习，其框架具有无关性和灵活性，方便与常用的 AI 套件快速集成。

➢ 基于容器技术，提供主流的机器学习、深度学习、GPU、CPU、Spark 和 Dask 等各类模型开发环境，允许用户自定义模型开发环境。

④ 平台案例：小波 AI 平台

基于小波 AI 平台提供的工业模型开发环境，各场景数据源于用户已自行搭建的 Hadoop 大数据计算环境，AI 平台集成用户大数据环境，搭建算法应用场景并最终落地 15 种。基于小波 AI 平台提供的工业模型开发环境示意如图 4-21 所示。

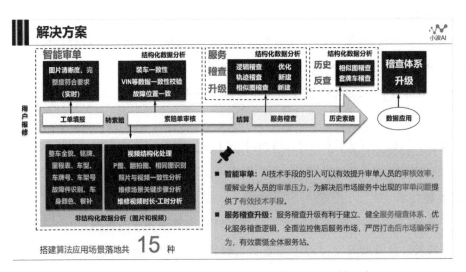

图4-21 基于小波AI平台提供的工业模型开发环境示意

（4）应提供工业模型开发工具，支持 Python、Java、R 等开发语言

① 名词解释

开发工具：工业模型开发工具通常包括集成开发环境（Integrated Development Environment，IDE）、模型训练框架和部署工具等。常用的工业模型开发工具有 PyCharm、Eclipse 和 IntelliJ IDEA 等集成开发环境，以及 TensorFlow、PyTorch 和 Scikit-learn 等模型训练框架。基于模型的需求、数据规模、性能要求和部署环境等因素选择模型的开发和部署环境。选择合适的语言和工具可以提高开发效率、优化模型性能，并满足工业级应用的要求。

② 条款解读

应提供工业模型开发工具，并支持 Python、Java 和 R 等多种开发语言进行工业模型开发。同时应具备处理大规模数据、高性能计算和并发处理等工业级需求的能力。

③ 能力要点

➤ 支持多种平台开发语言和开发工具。

➤ 工业数据接入、处理和分析的能力。

➤ 建设工业模型训练开发环境，提供自定义开发的能力。

④ 平台案例：柠檬豆工业模型、开发训练平台

柠檬豆工业模型开发训练平台提供了一套完整的模型开发工具，并使用了多语言支持技术，结合 Python、Java 等开发语言的功能和库，实现了工业模型开发工具。

柠檬豆工业模型开发训练平台采用微服务架构开发，部署灵活，提供交互式编码建模，内置类 SQL 和脚本等操作，集成多种运行环境。AI 开发平台概览如图 4-22 所示。

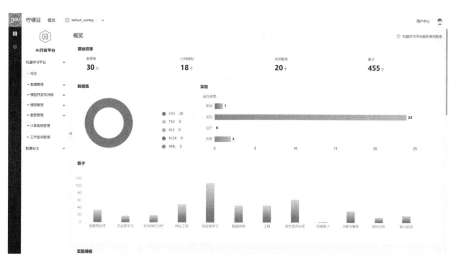

图4-22　AI开发平台概览

（5）应支持使用低代码、可视化方式开发工业模型

① 条款解读

➤ 应提供可视化建模工具，通过简单的拖拽操作，选择、配置和组合各种组件、模块和算法。

➤ 宜提供预置模型组件库、自动化特征工程、智能模型推荐和迭代，以及智能模型推荐等方法，简化开发流程，降低技术门槛，提高生产效率。

② 平台案例：柠檬豆工业模型开发训练平台

柠檬豆工业模型开发训练平台提供了可视化建模工具，支持用户借助平台提供算子完成、数据读写、数据预处理、特征构造、模型构建、模型训练和模型评估等操作，整个模型开发流程基于拖拽式算子排布、连线式流程串接和指导式参数配置。

柠檬豆工业模型开发训练平台提供交互式编码建模，支持以拖拽、连线、配置的零代码方式快速完成工业模型开发、训练和评估，集成多种运行环境。柠檬豆工业模型开发训练平台建模示意如图4-23所示。

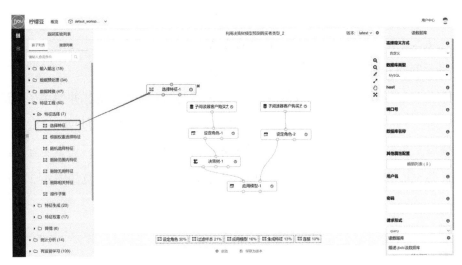

图4-23 柠檬豆工业模型开发训练平台建模示意

（6）应内置通用算法库，提供机器学习、深度学习、数理统计、数据压缩等算法

平台案例：柠檬豆工业模型开发训练平台

柠檬豆工业模型开发训练平台支持可视化编排建模、自动化机器学习和交互式编码等多种建模方式，内置500个以上基础算子，涵盖数据预处理、统计分析、机器学习、时序分析以及类SQL和脚本等操作，拖拽即可用。

柠檬豆工业模型开发训练平台将复杂算法抽象为算子，支持拖拽式零代码建模，提供以任务为导向的自动机器学习，基于自动寻优算法训练高质量模型，如图4-24所示。

图4-24 自动机器学习示意

（7）应支持开展工业模型训练，包括超参数设置、策略搜索、模型压缩与加速、超参数优化等

① 名词解释

工业模型训练：使用大数据不断调整模型中的各类参数，通过不断模拟各类配置，寻找最优参数的过程，其目的是提高工业模型的准确率。工业模型训练示意如图4-25所示。

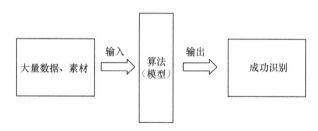

图4-25 工业模型训练示意

超参数设置和优化：超参数是指机器学习算法中需要人为设定的调优参数，超参数的设置决定了模型训练的效率，需要对超参数进行调优（优化），以提高学习的性能和效果。

② 条款解读

平台应能够在开发工业模型的基础上对工业模型开展深度学习训练，实现工业模型的不断优化，其中应展示对超参数的设置与优化、模型压缩与加速等模型训练功能。同时应能够实现工业模型的自动化流水线训练，提高训练的效率。

（8）应支持开展模型测试与评估，具备模型结构测试、参数测试、集成测试、模型性能评估、模型准确性评估、阈值设置评估等能力

① 名词解释

模型集成：是融合多个训练好的模型，基于某种方式实现测试数据的多模型融合，使最终的结果能够"取长补短"，融合各个模型的学习能力，优化最终模型的泛化能力。

② 条款解读

平台应具备对各类工业模型的测试能力，有完整的测试脚本，建立模型测试相关管理流程，能够对模型的结构、参数、性能、准确性和集成能力等方面开展测试评估，形成评估结果。

③ 能力要点

➢ 平台是否具备工业模型测试环境。

➢ 测试环境应具备结构测试、参数测试、集成测试、模型性能评估、模型准确性评估和阈值设置评估等功能。

（9）应支持模型部署容器管理，具备模型热部署、在线编译、在线更新、模型调参和环境配置等能力

① 名词解释

模型部署容器管理：使用容器化技术对工业模型进行有效的部署、管理和运行的过程。容器化技术将 AI 模型及其相关依赖项和运行环境打包为独立的容器，以提供一种轻量级、可移植和可扩展的部署方案。

模型热部署：在工业生产环境中，将已经训练好的 AI 模型实时部署到生产系统中的过程。

② 条款解读

平台应支持工业模型的部署容器管理，具备在不中断或最小中断生产系统运行的情况下，将新的或更新的 AI 模型应用到实际生产过程中的能力；具备在线编译与更新、调参等能力，以提高模型的性能、准确性和鲁棒性。

③ 关键技术

容器化管理技术：将模型及其相关组件打包成独立的容器，提供隔离性和可移植性。使用容器编排工具，对容器进行集群管理、调度和自动化运维。利用持续集成/持续支付/持续部署工具，实现 AI 模型的自动化部署和持续集成，确保部署过程快速、准确。利用容器编排工具提供的资源管理功能，动态调整容器的 CPU、内存和存储等资源分配，确保模型的高性能和可扩展性。

④ 能力要点

➢ 提供镜像库，集成各类常见的推理训练环境，用于模型训练开发和部署。环境支持 CPU、内存、GPU 虚拟化策略，便于资源调配。

➢ 自动获取配置参数设置，在下发训练任务时动态修改。
➢ 通过网关配置多实例的均衡策略，完成模型版本部署的热更新。
➢ AI 引擎自动获取模型配置信息，包括基础镜像、依赖库和代码等，并自动完成环境装配。

五、工业模型管理

工业模型管理是指在工业领域中，对模型进行开发、维护和应用的过程。这些模型可以包括物理模型、数字模型和知识模型等，用于优化产品的设计、制造、测试和应用等环节。

1. 定义

工业模型管理即对工业领域的 AI 模型系统化地纳管、存储、版本控制、持续集成和持续部署，并将其打包为统一的对外接口服务的一体化管理的过程。

2. 工业模型管理的价值

工业模型管理的本质在于确保模型应用的可靠性、可追溯性和高效性。

确保模型全链路的安全合规，有利于防止数据和模型的泄露和滥用。模型管理旨在提升生产落地的稳定性和高可用性，保证模型在实际生产环境中能够稳定运行，有效提升生产效率。模型管理为未来大规模 AI 应用的推广发展提供必要的支撑，通过经验积累和优化流程，为更广泛的工业领域的智能应用打下坚实的基础。

3. 关键指标

工业模型管理能力的关键指标主要是评估工业模型并发运行的数量。

4. 标准条款

（1）应支持工业模型发布、检索、更新、订阅等

① 条款解读

平台应具备将主流框架的 AI 模型打包部署到可执行环境的功能；应能够有效存储、检索 AI 模型，实现所需模型的快速检索；具备模型版本控制功能，实现模型的更新和重新部署应用；具备模型订阅功能，主动推送数据给相关订阅方。

② 关键技术

统一打包部署：打包好的模型镜像所需的信息单元，可稳定重复部署。做到一次打包，多处部署。同时支持配置运行参数，自动提升节点服务的性能，支持弹性扩缩容，

支持云端和边缘设备的部署。

批量下发更新：在不更新与上下模块的接口，在不影响业务运转和服务的前提下，完成模型版本部署的迭代更新；支持模型批量下发与服务更新，适用于多路边缘设备模型下发和模型迭代更新的场景。

③ 能力要点

➤ 支持打包部署模型框架的种类数量。

➤ 模型发布服务的吞吐量。

➤ 统一第三方服务接口的易用程度和场景适配度。

（2）应支持工业模型导入、导出

① 名词解释

模型导入：将各类常见 AI 算法框架的模型导入到系统中，包含模型所需的代码、文件、依赖库和依赖环境等各类运行所需的要素。通过导入，将经过训练的模型快速纳管到统一平台，转换为统一标准的可实现后续自动打包部署的模型项目库。

模型导出：将模型从模型管理系统中导出，包括但不限于模型文件、模型项目及模型一体化镜像等多种导出模式。通过模型导出，外部系统可以离线应用模型，而无须依赖管理平台。

平台具备模型导入和导出功能，为平台提供对外系统连结的标准化出口；对已开发的历史模型也可以通过导入完成纳管，确保完整覆盖和统一化管理。导出功能应满足工业领域边缘端离线模型使用的刚需，提高模型应用的灵活性和操作性。

② 关键技术

模型管理的框架无关性：通过设计和使用动态脚本语言可以将模型的导入过程抽象化和简化，使其与具体的算法框架解耦，从而实现框架无关性，能导入各种框架模型。

③ 条款解读

➤ 支持导入的模型算法框架数量。

➤ 提供统一封装语法，简单改写实现自定义格式的算法纳管。

➤ 支持各类模型文件、模型工程、模型一体化镜像的不同层级的工业模型导出。

④ 平台案例：小波 AI 平台

通过小波 AI 平台提供的统一动态脚本语言，对现有的机械臂故障预测性维护模型进行了标准化改写，将标准化后的模型导入纳管到平台中，实现了对历史模型的快速统一管理。

（3）应支持工业模型的实时和定时运行

① 名词解释

实时运行：通过对外提供在线推理服务，快速处理实时数据输入并实时返回预测结果。实时运行要求模型能够在瞬时或接近实时的情况下处理数据,适用于需要即时决策和实时响应的工业应用场景。

定时运行:按需进行批量处理和更新,适用于周期性的数据分析和预测任务,帮助工业领域实现高效、智能的生产运营。

② 条款解读

应支持模型的实时在线推理以及周期性对指定数据进行处理和预测;具备针对工业模型的控制调度功能,满足用户定时和实时运行模型的需求。

③ 关键技术

实时推理引擎:引擎必须具备高性能和低时延的特点,能够快速响应实时产生的数据,并进行快速推理和预测。

定时任务调度:允许用户设置模型的运行计划,包括指定特定的时间点或周期性地运行模型。

计算资源管理:根据实际需要自动分配和释放计算资源,以满足模型实时运行和定时运行的需求,并确保资源的高效利用。

④ 能力要点

➢ 模型运行的错误率、崩溃率及故障恢复时间。

➢ 适应不同负载和数据量变化时的资源分配和释放能力。

(4)应支持工业模型的第三方调用

① 条款解读

➢ 屏蔽模型细节,提供统一的对外可访问接口,降低调用难度。

➢ 支持同步和异步调用以适应不同业务场景。

➢ 支持模型服务自动缩扩容满足不同业务的需求量。

② 关键技术

自动装配服务接口:根据动态脚本语言的配置信息,自动生成多种不同形式的模型调用服务,如 REST API、gRPC 和 MQ 等。

弹性扩容:允许根据实际需求动态地增加或减少模型服务的计算资源,以适应不断变化的请求量和负载情况。

负载均衡:确保请求在各个计算资源上均匀分布。这样可以避免某些节点过载而导致性能下降,同时最大限度地利用所有资源。

③ 能力要点

➢ 平台支持调用方式和协议的数量。

➢ 平台缩扩容响应时间。

➢ 资源利用率。

④ 平台案例：小波 AI 平台

通过小波 AI 平台发布模型服务接口，为整车分析的应用系统提供简单易用的赋能方式。工程师通过服务接口快速获得拧紧过程的全面分析和诊断结果，为业务系统提供智能分析数据支持，如图 4-26 所示。

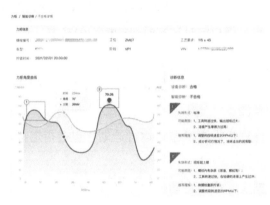

图4-26　通过服务接口快速获得拧紧过程的全面分析和诊断结果

六、工业数字孪生

工业数字孪生是一种充分利用物理模型、传感器更新和运行历史等数据，集成多学科、多物理量、多尺度和多概率的仿真过程，在虚拟空间中完成映射，从而反映相应实体设备的全生命周期过程。它可以帮助企业优化生产流程、降低成本、提高品质，并可以对设备进行预测性维护，降低设备维护的成本，提高设备的可靠性和使用寿命。此外，工业数字孪生还可以帮助企业优化物流流程，提高物流的可视化管理能力，并实时监控工厂的生产过程，从而提高生产效率和质量。

1. 定义

工业数字孪生是多类数字化技术集成融合和创新应用，基于建模工具在数字空间构建起精准物理对象模型，再利用实时物联网数据驱动模型运转，进而通过数据与模型集成融合构建起综合决策能力，推动工业全业务流程闭环优化。

2. 工业数字孪生的价值

数字孪生为工业产生的物理对象创建了虚拟空间，并将物理设备的各种属性映射到虚拟空间中。数字孪生是未来数字化企业发展的关键技术，可应用于工业产品设计、制造和智能服务等领域。数字孪生的构建需要工业数据、模型和平台。

3. 关键指标

工业数字孪生能力的关键指标评估如下。

➢ 三维模型加载时间。

➢ 数字孪生体数据刷新周期。

➢ 数字孪生体数据传输速率。

➢ 数字孪生体计算精度。

➢ 数字孪生体设备接入并发能力。

4. 标准条款

（1）应具备几何模型、仿真模型、数据科学模型、工业机理模型的融合建模

① 名词解释

几何模型：在工业互联网平台中，几何模型为数字孪生系统提供了物体的外观和空间位置，为其后续的仿真模型、数据科学模型和工业机理模型提供了基础。

仿真模型：仿真模型是指使用计算机模拟物理实体或过程的行为和性能。它能够模拟和预测系统的动态变化，帮助理解和评估不同的操作和决策。仿真模型还可以通过对几何模型的物理特性和行为进行建模，帮助验证和优化工业系统的运行策略。

数据科学模型：主要利用历史数据和机器学习算法来分析和预测系统的行为。通过对大量数据的挖掘，数据科学模型能够发现隐藏在数据背后的规律和趋势。在数字孪生中，数据科学模型可以结合实时数据和历史数据，提供对系统状态的实时监测和预测，为决策提供数据支持。

工业机理模型：工业机理模型基于物理原理和工程知识对系统行为进行建模。它可以提供深入的系统理解，揭示系统背后的物理机制和关键因素。工业机理模型可以与仿真模型和数据科学模型相结合，提供更可靠、精确的预测和优化结果。

② 条款解读

➢ 应具备对物体形状、结构和拓扑关系进行数学表示的几何模型构建能力。

➢ 应具备模拟物理实体或过程的行为和性能的仿真模型构建能力。

➢ 应支持利用历史数据和机器学习算法构建数据科学模型。

➢ 应支持基于物理原理和工程知识对系统行为进行工业机理模型构建的能力。

➢ 应支持几何模型、仿真模型、数据科学模型和工业机理模型的融合，进行综合分析、相互验证，从而实现更精确的预测和优化。

③ 关键技术

点云处理与重建：对采集到的点云数据进行处理和重建，将其转换为几何模型，如三角网格或曲面模型。

数值建模技术：使用数值方法（如有限元法、有限差分法等）对物理模型进行离散化，将其转换为可以用计算机求解的数学模型。

机器学习算法：选择适当的机器学习算法，如回归、分类、聚类等，根据数据类型和任务目标进行训练和优化。

④ 能力要点

➢ 支持数字孪生模型的建模维度。

➢ 支持数字孪生模型的动态建立。

➢ 建立的模型具有高保真度、高精度。

➢ 支持多维度模型的融合。

⑤ 平台案例：岸基数字化管理平台

岸基数字化管理平台基于数字孪生技术，通过对船舶设计数据、运行数据进行整合，建立船舶的几何模型、数据科学模型和工业机理模型，为各个船舶设备、零部件几何模型添加信息属性，并与对应位置的 IoT 数据结合，实现船舶的可视化和远程监控。岸基数字化管理平台示意如图 4-27 所示。

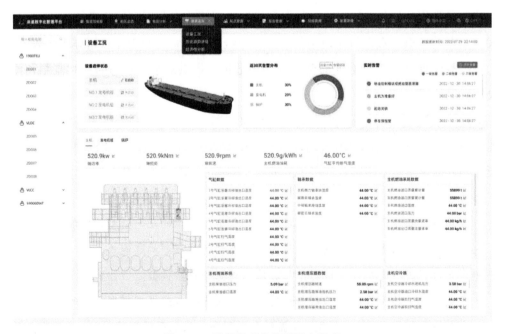

图 4-27　岸基数字化管理平台示意

（2）应支持面向设备设施、业务流程、产品等构建数字孪生体

① 名词解释

数字孪生体：数字孪生体是指对现实世界中的设备设施、业务流程、产品等进行数字化建模和仿真的虚拟实体。数字孪生体可以与其现实世界的物理实体实时同步，通过收集和分析实时数据，预测其行为、优化其性能，从而提供智能化的决策支持和管理。

② 条款解读

➢ 应支持在不同维度上构建数字孪生体。

➢ 工业互联网平台数字孪生能力应具有全面性和综合性。

➢ 应支持对整个工业生产过程的全方位监测、优化和预测。

③ 能力要点

➢ 支持设备设施数字孪生体的数量。

➢ 支持产品的全生命周期管理。

➢ 支持特定行业的主要业务流程。

➢ 具有可扩展性。

④ 平台案例：基于数字孪生的海上风电机组智能运维平台

基于海上风电机组的设备设施和业务流程的分析，开发了基于数字孪生的海上风电机组智能运维平台，实现了对海上风电机组作业全生命周期的管理。基于数字孪生的海上风电机组智能运维平台如图4-28所示。

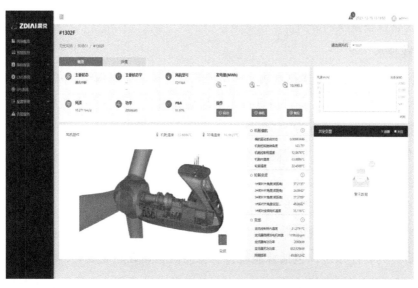

图4-28　基于数字孪生的海上风电机组智能运维平台

（3）应具备模型融合能力，可以将几何模型、仿真模型、数据科学模型、工业机理模型等多类模型进行业务关联和集成融合

① 名词解释

模型融合的作用如下。

综合建模：模型融合能力使几何模型、仿真模型、数据科学模型和工业机理模型等多类模型可以集成在一起，构成一个全面的数字孪生体。通过综合建模，数字孪生系统可以更准确地反映现实世界的复杂性，帮助其理解系统行为并提供更有力的决策支持。

跨领域分析：不同类型的模型通常适用于不同的领域和问题。模型融合能力使这些模型可以跨领域应用，从而进行多方面、多层次的综合分析。这有助于发现不同模型之间的关联和影响，为系统优化提供更全面的考虑。

数据交互和共享：模型融合能力要求不同模型之间能够进行数据交互和共享。这意味着模型之间可以传递实时数据和结果，从而使数字孪生系统能够动态更新和实时响应。数据交互和共享还有助于模型之间的相互验证和校准，提高了数字孪生系统的可信度。

增强预测和优化能力：将不同的模型融合在一起可以增强数字孪生系统的预测和优化能力。例如，数据科学模型可以利用历史数据进行预测，而工业机理模型可以解释模型结果背后的物理机制。通过整合这些模型，数字孪生系统可以为工业生产提供更精准、可靠的预测和优化方案。

② 条款解读

➢ 应支持多类模型的集成融合，在数字孪生系统中建立一个全面、多维度的虚拟模型。

➢ 平台中的不同模型需要与实际业务过程和运营紧密关联。

➢ 应支持综合建模和分析。

③ 关键技术

跨学科模型融合技术：多物理场、多学科联合仿真，加快构建更完整的数字孪生体。

跨类型模型融合技术：实时仿真技术加快仿真模型与数据科学集成融合，推动数字孪生由"静态分析"向"动态分析"演进。

跨尺度模型融合技术：通过融合微观和宏观的多方面机理模型，打造更复杂的系统级数字孪生体。

④ 平台案例：基于数字孪生理念打造的旗云一体化平台

通过平台的部署，实现船舶关键设备的数字化。通过对业务流程的分析，基于平台可搭载虎贲系列智能系统，包括智能航行、智能机舱和智能能效等，实现船舶多模型与业务的关键和应用，提高船舶的运行效率。基于数字孪生理念打造的旗云一体化平台如图4-29所示。

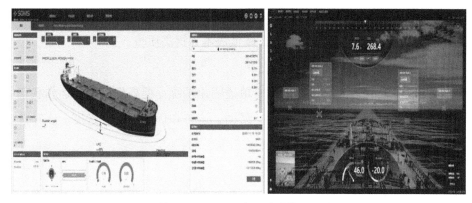

图4-29 基于数字孪生理念打造的旗云一体化平台

（4）应具备研发设计、生产制造、试验检测、运维服务等场景的仿真分析能力

① 名词解释

仿真分析：是指将数字孪生模型与实际物理系统进行比对和分析，从而对实际物理系统进行全面的仿真和预测。通过仿真分析，工业数字孪生可以实现对实际物理系统的全面监测和预测，进而发现问题并进行优化调整，提高生产效率和产品质量，降低成本和风险，帮助企业实现可持续发展。

② 条款解读

平台应具备在不同场景下进行全面数字化建模和仿真分析的能力，帮助企业实现对物理系统和设备的全面监测和预测，发现问题并进行优化调整，提高生产效率和产品质量，降低成本和风险，帮助企业实现可持续发展。

③ 能力要点

➤ 研发设计优化。可实现：产品设计和优化、材料选择和优化、工艺流程设计和优化、产品性能预测和评估，提升研发设计优化的效果。

➤ 生产制造质量。可实现：制造过程建模和仿真、生产计划和调度优化、质量控制和检测、物料管理和优化，综合提升生产制造质量。

➤ 试验检测性能。可实现：试验数据采集和处理、试验数据建模和仿真分析、产品性能评估和预测、缺陷诊断和改进，发现产品的弱点和改进点，提升产品的性能。

➤ 运维服务效率。可实现：设备健康状况监测和诊断、维护保养计划和调度优化、故障诊断和预测、设备性能评估和优化，提高运维服务的效率。

④ 平台案例："风云镜像"工厂数字化转型双跨平台项目

订单透明化系统是一套闭环式的制造企业数字化订单管理整体解决方案。订单透明化系统从物料采购、计划排程、生产配送、生产组装、过程管控、数据采集、包装入库和生产配料到发货出库等环节的生产全过程精益管理，使管理者能够即时准确地掌握工厂的状况。同时，订单透明化系统融合了精益管理的思想，利用工业数字孪生技术，帮助制造企业提升运营效率，缩短交货期，降低成本并提高质量。

工厂可视化：依据实时现场反馈做决策。

企业领导和生产管理人员可以借助订单透明化系统，提高生产现场运作状态的透明度，更好地掌握运作的成绩效果和效率，帮助、调整和优化对生产进度、库存量、资源运作和交货期的决策。

产品追溯：最大限度地缩小召回成本。

实现从产成品到物料，从订单、组装、包装到发货的全程追溯。通过追溯，精确定位有问题的物料批次或加工工艺段，大幅度缩小产品召回事件的影响。

（5）应具备数字孪生体和物理实体间的数据、模型双向传递能力，实现闭环控制

① 条款解读

平台应能够实现对物理实体的全面监测和预测分析，发现问题并优化调整，提高生产效率和产品质量，降低成本和风险。同时，数字孪生技术还可以通过闭环控制的方式，将数字孪生体和物理实体之间的反馈机制进行有效的结合，实现对物理实体的实时控制和优化。

② 关键技术

控制优化技术：将优化方案应用于物理实体中，通过控制设备、调整参数等方式实现对物理实体的优化和调整。

反馈控制技术：通过监测物理实体的实时数据，持续更新数字孪生模型，不断优化和调整数字孪生模型中的参数和算法，以实现更加精准的预测和控制。

③ 能力要点

实时数据采集和传输：通过传感器等设备采集物理实体的实时数据，进行处理和转换，并将数据快速、准确地传输到数字孪生模型中。

控制算法设计：基于数字孪生模型，以预测、优化算法和反馈控制等方式来设计闭环控制算法，实现对物理实体的控制和调节。

指令传递和执行：将设计好的控制指令从数字孪生体传递到物理实体，并确保控制指令在实体中正确执行。通过与物理实体通信并监控执行情况，以保证指令的准确性和及时性。

反馈控制能力：通过监测物理实体的实时数据，持续更新数字孪生模型，不断优化和调整数字孪生模型中的参数和算法，以实现更加精准的预测和控制。

④ 平台案例：热处理生产管理调度系统及三维仿真

基于物联网、传感器、数字孪生技术的热处理自动化生产管理调度系统和三维仿真

系统，可以实现预处理、加热、淬火、风冷、回火等全链条自动化生产与管理，解决了人工在特高温的环境下加工生产的问题，并可以通过三维仿真技术，实时还原整个生产过程，进行远程监管和智能维护，大幅提升效率、降低人工成本，从而实现产品的快速生产和交付。热处理生产管理调度系统及三维仿真如图4-30所示。

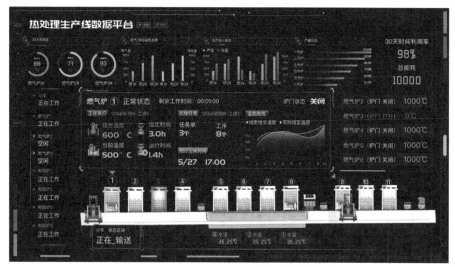

图4-30 热处理生产管理调度系统及三维仿真

技术优势如下。

➢ 采取智能网关等多种数据采集设备，将生产过程中的炉温、水温、总重量等数据，实时采集并上传至Web操作系统中，并利用三维数字孪生技术，以"形象化数据＋建模实时回显"的方式反映在大屏幕上，使得管理者能够轻松掌握实时、准确的生产状况。

➢ 集成各种工业传感器、无线传输技术、AI边缘计算设备、以工位看板为代表的人机交互硬件以及结合了混合现实技术的工业数字孪生4.0系统，以人机料法环的数字化和信息化为核心，构建了通用的标准化生产管理、安全管理、双碳管理、工业数字孪生和设备虚拟仿真等核心功能的集成与应用。

（6）应具备三维可视化设计和展示能力

① 条款解读

平台应利用计算机图形学和虚拟现实技术，将数字孪生模型中的数据和信息以三维的形式呈现出来，进而更加直观、清晰地了解数字孪生体和物理实体之间的关系和运行情况。通过三维可视化技术，用户可以在虚拟环境中自由地浏览数字孪生模型，观察物理实体的结构、状态和参数等信息，并进行交互式操作。

② 能力要点

三维建模能力：将物理实体的结构、参数等信息转换成数字孪生模型，并进行三维建模,以便提升可视化展示和交互式操作体验。

图形渲染能力：利用计算机图形学技术,对数字孪生模型进行渲染和处理,以呈现出逼真的效果。

交互式操作能力：提供旋转、缩放和平移等交互式操作功能,让用户可以自由地浏览数字孪生模型,观察物理实体的不同角度和状态。

多维度展示能力：支持多维度展示,如时间轴展示、温度变化展示等,以便更好地了解数字孪生体和物理实体之间的关系和影响。

③平台案例：多源数据融合三维可视化平台

多源数据融合三维可视化平台将探测到的管线和土体病害信息等流式数据,实时采集、提取、存储和分析,利用边缘算力对多源数据进行收集、融合和渲染,以三维数字孪生的形式在地理信息系统（Geographical Information System,GIS）联网地图上进行实时呈现。

可实时采集和分析地下管线周边土体病害、管线等流式数据,并进行分类展示;显示采样点位置（x、y、z）的坐标值,通过平面、剖面对土体病害和管线数据进行三维可视化展示。多源数据融合三维可视化平台如图4-31所示。

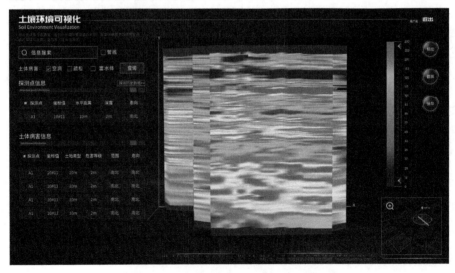

图4-31　多源数据融合三维可视化平台

技术优势如下。

➢ 将探测到的所有数据、GIS位置数据、GIS地图数据、管线坐标和土体灾害等数据,多来源、多时刻超融合数据的一体化双向接入和呈现能力。

➢ 实现多种传感器、探测仪、设备数据对接标准接口。实现多种传感器和设备配置管理，数据全生命周期管理，以及大数据实时存储、分析和展现。实现终端和云端结合的管线和土体灾害数据三维可视化呈现。

➢ 实现探测数据自动拟合补齐、探测数据三维图形化成像，以及探测数据通过接口与云平台通信等关键核心技术的研发与应用。

（7）宜支持基于增强现实（Augmented Reality，AR）、虚拟现实（Virtual Reality，VR）、混合现实（Mixed Reality，MR）、视频、语音的交互应用能力

① 条款解读

平台应支持 AR、VR、MR、视频、语音等多种交互方式，可以提高数字孪生系统的易用性和灵活性，让用户可以根据自己的需求和场景选择最适合自己的交互方式，可以提供更丰富、更直观和更自然的用户体验，并在工业互联网等各种领域中广泛应用。

② 关键技术

空间定位和跟踪：用于准确感知和追踪用户在现实世界环境的位置和姿态。

透明显示技术和投影：用于将虚拟内容与现实世界叠加在一起，如智能眼镜、透明眼镜或投影技术。

视觉标记识别和跟踪：用于识别和跟踪现实世界中的视觉标记，以定位和精确放置虚拟对象。

即时定位与地图构建：用于实时融合虚拟内容与现实世界的场景，以实现高精度的AR体验。

交互设备和手势识别：用于与虚拟环境进行交互，如控制器、手势识别技术等。

③ 能力要点

多模态交互应用能力：支持多种交互方式的组合使用，如"AR+语音""VR+视频""MR+语音+手势"等，以提供更加灵活和全面的交互体验。

交互式操作能力：支持用户在交互过程中进行旋转、缩放和平移等操作，以便更好地了解数字孪生体和物理实体之间的关系和影响。

④ 平台案例：支持交互应用的三维数字化模型设计

将拖拉机、插秧机等农用车进行三维数字化模型设计，把组装工艺路线、加工场景、组装生产等全流程通过混合现实的方式用智能头显设备进行展示，结合工业元宇宙的概念，应用到职业教育实训和企业员工上岗培训过程中，还原真实的生产环境与组装工艺，大大降低了职业实训和企业培训对场地、设备的要求和难度，提升了学生和企业员工的理解和实操能力。支持交互应用的三维数字化模型设计如图 4-32 所示。

图4-32 支持交互应用的三维数字化模型设计

（8）宜支持跨平台的数据、模型的调用与集成

① 条款解读

➢ 宜支持异构数据的互联互通。

➢ 宜支持不同平台间模型的共用。

➢ 宜支持平台间的信息传输，从而实现数据和模型跨平台的调用。

② 能力要点

数据标准化和互操作性技术：确保不同数据源和系统之间可以相互理解和交换数据。例如，使用行业标准的数据格式和通信协议，如JSON、XML、OPC UA等，以实现数据的一致性和互通性。

跨平台的通信和网络技术：确保数据和模型在不同平台之间的传输和交互。例如，使用云计算和边缘计算结合的架构，采用标准的网络通信协议和安全机制，以实现跨平台的数据和模型传输。

③ 平台案例：岸基数字化管理平台

将船基平台的数据、外部的气象数据等信息跨平台融合到岸基数字化管理平台中，通过调用船舶运行数据、岸端平台的模型，实现船队运行状况的实时管理，提高船舶管理公司的管理效率。

（9）宜支持基于设备状态数据的算法优化能力

① 名词解释

基于设备状态数据的算法优化：实现对设备运行和性能的智能化分析和优化。通过对设备状态的数据进行深度学习、预测和优化，平台可以实现对工业设备的实时监测、故障预警和智能控制，提高设备的稳定性和可靠性。这样的能力将使工业生产更加智能化、高效化,并为企业提供更精准、更可靠的设备管理和维护决策支持。

② 条款解读

➢ 平台能够从各种工业设备中采集设备状态数据,并通过应用算法对这些数据进行分析和优化,以实现设备的智能化控制和运维优化。

➢ 平台宜具备实时处理设备状态数据的能力,能够实时做出智能决策和控制,从而提高工业设备的运行效率和可靠性。

③ 关键技术

AI 算法应用技术:平台应支持各种 AI 算法的应用,如机器学习、深度学习、遗传算法、粒子群优化算法和神经网络等,通过 AI 算法对设备状态的数据进行分析和优化。

实时决策与控制技术:基于实时数据和算法分析结果,快速做出决策并实施控制行动的能力。这些决策和控制是根据设备状态的数据、工业模型的分析及人工智能优化算法的结果来实现的,旨在优化设备的运行效率、提高生产质量、降低故障率、满足特定的业务目标。

④ 平台案例:岸基数字化管理平台

岸基数字化管理平台基于设备历史运行的数据,包括设备状态,关键部件信息等,通过遗传算法,实现对设备运行控制状态的不断优化,包括视情维护和航速优化等。大幅度提高了船舶的运行效率,节约了化石能源的消耗。基于船舶状态数据的算法优化如图 4-33 所示。

图4-33 基于船舶状态数据的算法优化

七、应用开发及部署运维能力

应用开发能力及部署运维能力相辅相成，共同确保应用的顺利开发和稳定运行。应用开发能力指通过编程语言、框架和工具，设计、编写和测试应用软件的能力，包括需求分析、设计、编码、测试、部署等多个环节的理解和应用。同时，应用开发能力还包括掌握开发流程，例如敏捷开发、瀑布模型等开发流程。部署运维能力指将应用部署到生产环境，并确保其稳定运行的能力，包括对应用的配置、安装、测试、调试、监控等多个环节的理解和应用。同时，部署运维能力还包括掌握运维流程，例如发布流程、备份恢复等运维流程。

（一）应用开发

1. 定义

应用开发，即为了满足企业信息化要求开发相应应用系统的过程。在通常情况下，应用开发指的是使用低代码平台快速进行应用的开发、封装和测试，支持拖拉拽形式的零代码开发及多人在线协同开发。

2. 应用开发的价值

应用开发本质上是为了不依赖 IT 人员，由业务部门人员根据业务需求快速构建应用系统。这样可以减少对 IT 人员的依赖，释放业务人员的生产力，降低成本。

3. 关键指标

应用开发的关键指标评估如下。
- 平台支持的开发语言种类。
- 提供的开发组件数量。
- 开放的 API 数量。
- 支持的协同开发人员数量。

4. 标准条款

（1）应具有低代码开发平台
① 条款解读

应提供开发环境，包括可视化组件库、业务流程组件库、算法模型组件库、应用仓库和代码仓库等；支持通过可视化的界面快速构建应用。平台能够提供组态建模、算法建模、流程建模和生产线仿真建模等应用开发功能；具备调用平台服务的能力，包括数据类、模型类和计算引擎类等 API。

② 能力要点

➢ 平台支持的各类开发语言。

➢ 提供的开发组件数量。

➢ 开放的 API 数量。

③ 平台案例：慧新全智工业应用开发平台

慧新全智工业应用开发平台通过低代码应用开发方法，基于图形化拖拽、参数化配置等更高效的方式，实现快速构建、数据编排、连接生态和中台服务。该平台包含可视化组件库及业务流程组件库，支持可视化的界面快速构建应用，且支持多人在线协同开发。慧新全智工业应用开发平台如图 4-34 所示。

图4-34　慧新全智工业应用开发平台

通过慧新全智工业应用开发平台可视化流程组件库可快速构建业务审批流程，如图 4-35 所示。

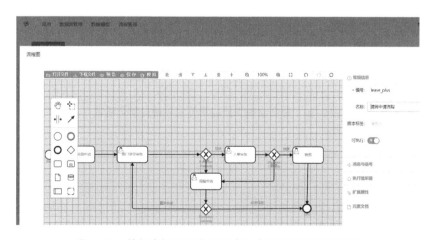

图4-35　慧新全智工业应用开发平台可视化流程组件库

（2）应具备工业知识的封装能力，提供代码封装样例、程序封装工具

① 条款解读

具备工业知识的封装能力：平台具备将工业知识封装成可复用模块的能力。

提供代码封装样例、程序封装工具：平台提供快速实现程序封装的工具及对应的样例指导，方便用户快速学习和使用。

② 平台案例：慧新全智工业应用开发平台

慧新全智工业应用开发平台基于低代码开发方法，为开发者提供应用打包、封装功能，并提供封装好的可视化工业知识样例，可对样例进行安装、编辑等服务，并支持用户通过平台在线修改数据源、角色权限等基础信息。可将局部功能发布成可复用的模块，作为自定义组件供后续开发复用。

（3）应具备自动化测试能力，包括测试脚本定义、测试用例管理、测试报告管理

① 条款解读

测试脚本定义：包括测试脚本的开发、执行和管理。

测试用例管理：包括测试用例的开发、执行、统计和管理。

测试报告管理：包括测试报告的编辑与管理。

② 平台案例：慧新全智工业应用开发平台

慧新全智工业应用开发平台通过 HTTP 接口请求模拟技术构建了接口测试模块，实现了自动化接口测试的脚本编写、执行及结果管理等功能，达到了自动化测试的效果。慧新全智工业应用开发平台自动化测试如图 4-36 所示。

图 4-36　慧新全智工业应用开发平台自动化测试

（4）应支持在线协同开发

① 名词解释

协同开发：在多人协作的环境下完成一项软件开发任务的过程。在协同开发过程中，

多个开发者可以同时对同一份代码进行编辑和修改,每个开发者都可以看到其他开发者所修改的内容。这种方式可以提高软件开发的效率和质量。

② 条款解读

多人在线:平台性能应能够支持多人同时在线使用。

在线协同开发:多人在线操作时可以彼此协同操作,同时开发,相互配合。

③ 平台案例:慧新全智工业应用开发平台

慧新全智工业应用开发平台通过低代码方法,构建了共享应用模块,实现了提供应用开发全流程在线协同开发能力,通过组织权限、角色、用户管理使用平台的人员,支持应用的多人协同开发。慧新全智工业应用开发平台协同开发如图4-37所示。

图4-37 慧新全智工业应用开发平台协同开发

(二)部署运维

1. 定义

部署运维是指将软件开发过程中的自动化工具与运营过程中的监控工具相结合,以实现高效的软件交付和可靠的系统运行。

2. 部署运维的价值

快速部署解决了开发部门和运维部门之间沟通不良的问题,实现快速部署和交付;将重点转移到自动化测试、持续部署和运维方面,降低成本;快速识别和解决问题,提高软件开发质量;提升团队协作能力,促进企业创新和改进;减少出现部署错误的概率,提升软件生命周期中的每个环节的可靠性。

3. 关键指标

部署运维的关键指标评估如下。

➢ 应用安装部署时长。

➢ 应用恢复时长。

4. 标准条款

（1）应具备应用的持续集成与部署能力，提供构建、测试、部署等任务

① 名词解释

持续集成：是一种软件开发实践。在这种实践中，开发人员会频繁地将代码合并到共享的主分支中。每次代码合并后，系统会自动运行构建和测试，以确保代码的质量。持续集成的主要目标是尽早发现和修复问题，提高软件的质量。

持续部署：将软件自动部署到生产环境的过程。与持续集成类似，持续部署的目标是尽早发现和修复问题，提高软件的质量。此外，持续部署还可以使团队更快速地交付新功能和修复问题。

② 条款解读

平台应针对各类开发应用进行测试以确保应用的稳定性，相关过程中不会影响现有应用的使用，最后部署到用户可以使用的最终环境，持续集成和部署能力能够帮助团队更高效地开发和交付软件，提高软件的质量。

③ 关键技术

版本管理系统：项目的源代码需要托管到适合的版本管理系统中，一般会使用 Git 作为版本控制库。

构建脚本和工具：每个项目都需要脚本来实现对整个项目的自动化构建，例如 Java 的项目可以使用 Gradle 作为构建工具。通过构建工具将编译、静态扫描、运行测试、样式检查、打包、发布等活动串起来，可以通过命令行自动执行。

CI 服务器：CI 服务器可以检测项目中的代码变动，并及时地通过构建机器运行脚本，将集成的结果通过某种方式反馈给团队成员。

持续部署技术：为项目创建一个自动化部署脚本（例如，使用 Ansible、Docker 或 Kubernetes），将部署脚本与持续集成服务器集成，以便通过测试后自动执行部署。使用功能切换或其他技术来控制新功能的发布。

④ 平台案例：慧新全智工业互联网平台

慧新全智工业互联网平台通过持续集成与部署以及容器编排技术，构建了慧新全智 CICD 平台，实现了应用的持续集成与部署功能，达到了应用快速交付的效果。慧新全智

CICD 平台如图 4-38 所示。

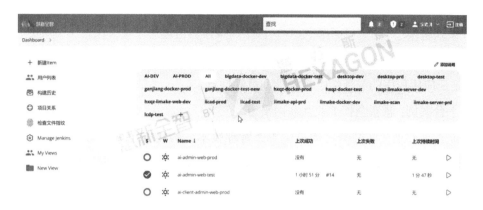

图4-38 慧新全智CICD平台

（2）应具备容器化环境，提供运行时环境、数据库、文件存储、中间件等镜像存储

① 名词解释

容器化：将软件代码和所需要的所有组件打包在一起，让它们隔离在"容器"中。容器内的软件或应用可以在任何环境和任何基础架构上一致地移动和运行，不受该环境或基础架构的操作系统影响，相当于一个功能全面、便于移植的计算环境。

② 条款解读

平台应建立容器化环境，提供开发人员所需要的运行环境、数据库等，帮助开发人员使用容器化来构建和部署现代应用程序，避免环境不兼容导致应用产生漏洞、错误和故障，从而需要消耗更多的时间修复，降低运维的效率。

③ 关键技术

容器技术：Docker 或 Docker Engine 是一种热门的开源容器，使软件开发人员能够在各种平台上构建、部署和测试容器化的应用程序。Docker 是使用 Docker 框架创建的应用程序和相关文件的独立软件包。Kubernetes 是一种热门的开源容器编排工具，软件开发人员使用它来部署、扩展和管理大量的微服务。

④ 平台案例：慧新全智工业互联网平台

慧新全智工业互联网平台通过容器化环境，构建了慧新全智镜像仓库模块和慧新全智容器云平台，实现了应用运行的容器化环境，提供了运行时环境、数据库、文件存储、中间件等镜像存储，达到了快速交付应用的效果。

（3）应具备微服务管理，包括微服务列表、配置中心、注册中心、微服务网关管理

① 名词解释

微服务：一种开发软件的架构和组织方法，其中软件由通过明确定义的 API 进行通

信的小型独立服务组成,这些服务由各个小型独立团队负责。微服务架构使应用程序更易于扩展和更快开发,从而加速创新并缩短新功能的上市时间。

②条款解读

平台应具备微服务管理模块,帮助用户更敏捷和容易地构建、交付和管理微服务平台,满足云应用程序的灵活性、规模性和可靠性要求。

③平台案例:慧新全智工业互联网平台

慧新全智工业互联网平台通过微服务管理技术,构建了慧新全智微服务管理平台,实现了微服务列表、配置中心、注册中心和微服务网关管理,达到动态服务发现、服务配置、服务元数据及流量管理的效果。

(4)宜支持应用的可视化安装、运维、部署

①名词解释

智能运维是将人工智能融入运维系统中,以大数据和机器学习为基础,从多种数据源中采集海量数据(包括日志、业务数据、系统数据等)进行实时或离线分析,通过主动性、人性化和动态可视化,增强传统运维的能力。

②条款解读

平台宜提供可视化界面,在界面中提供可视化、易操作的应用安装、运维、部署服务,提供一种高效、一致化、透明化和面向用户的服务。

③平台案例:慧新全智工业互联网平台

慧新全智工业互联网平台通过容器编排技术、微服务管理技术和镜像管理技术,构建了慧新全智容器云平台、慧新全智微服务平台和慧新全智镜像仓库,达到了应用的可视化安装、运维和部署,实现了应用的快速交付。

(5)宜具备智能运维能力,提供自动作业、监控告警等运维服务

①条款解读

平台宜为IT运维管理产品提供支撑的综合性技术。通过机器学习的方式实现智能运维,把IT人员从繁复耗时、重复执行的基础运维工作中解放出来,专注于更有价值的运维业务。

②关键技术

数据采集:包括用户数字体验与终端设备监控、业务流程及系统可用性检测、网络状态监控、代码执行链路追踪、日志分析、标准化协议/接口对接等技术。

数据分析:集中存储的监控大数据经过清洗、过滤和预处理等操作,转换成信息输入数据,用于统计分析。常用的数据分析技术包括异常检测、指标关联分析、趋势预测和因果分析等,通过使用相关技术支撑智能运维。

③平台案例：慧新全智工业互联网平台

慧新全智工业互联网平台通过数据采集、数据存储和数据分析技术，构建了慧新全智智能运维平台，实现了自动作业、监控告警等运维服务，达到了智能运维的效果。

（6）宜支持和应用热更新、灰度更新等更新方式

①条款解读

平台宜设置多个应用节点，实现更新发布过程中应用始终通过其他节点运行和无感知更新，保障业务的连续性和可用性。

②平台案例：慧新全智工业互联网平台

慧新全智工业互联网平台通过持续集成与部署和容器编排技术，构建了慧新全智容器云平台，实现了应用运行状态更新，可以实现用户无感知的更新发布，达到了应用的高可用性和业务的连续性。

（7）宜具备弹性伸缩能力，根据应用访问情况动态调整应用的节点数

①名词解释

弹性伸缩能力是指根据应用访问情况动态调整应用的节点数，可以降低成本和维护难度，提高系统的性能和稳定性。

②条款解读

平台宜具备自动化部署、扩展和优化容器化应用程序的能力，从而提高系统的性能和稳定性，降低成本和维护难度。

③关键技术

容器编排技术：以 Kubernetes 为例，Kubernetes 是一种容器编排平台，能够自动部署、扩展和优化容器化应用程序。它提供了一组强大的 API 和工具，使操作和管理容器化应用程序变得更加简单和高效。基于 Kubernetes 实现动态弹性伸缩，需要充分利用 Kubernetes 的自动扩展和回滚机制，以及滚动更新的功能。

④平台案例：慧新全智工业互联网平台

慧新全智工业互联网平台通过容器编排技术，构建了慧新全智容器云平台，实现了应用弹性伸缩能力，根据应用访问情况动态调整应用的节点数，达到了降低成本和维护难度的效果。

八、用户与开发者管理能力

良好的用户与开发者管理能力是推动企业创新和发展、提升产品和服务质量的重要驱动力。用户与开发者管理能力包括一系列技能和知识，这些技能和知识帮助管理、协调用户和开发者之间的关系、活动和资源，以实现组织或企业的目标。

1. 定义

用户与开发者管理能力是指工业互联网平台对用户和开发者进行有效管理和协调的能力。它包括了对用户和开发者的招募、注册、审核、认证、授权、监管、支持和培训等一系列管理活动,旨在建立良好的用户与开发者之间的关系,促进平台生态的健康发展。

2. 用户与开发者管理的价值

用户与开发者管理的价值是建立起稳定的用户和开发者社群,促进用户和开发者之间的互动和合作,推动平台的创新和发展。同时,用户与开发者管理也需要与相关法律法规和政策要求保持一致,确保平台的合法、合规运营。

3. 关键指标

用户与开发者管理能力的关键指标评估如下。

- 平台用户总数量。
- 月平均活跃企业用户数量。
- 月平均活跃开发者数量。
- 用户服务响应时长。

4. 技术标准

(1) 应支持企业用户、平台管理者、服务操作人员、第三方服务商的接入

① 条款解读

平台应支持多种身份的海量用户接入平台的服务及对各类用户的管理功能。通过提供通用的接入接口和标准化的数据交换协议,保证各种不同类型的设备和系统接入平台。

② 能力要点

水平扩展:用户管理需要处理大量的用户数据和请求,因此需要具备水平扩展能力。可以通过在系统中使用分布式和可扩展的技术来实现,如分布式数据库和存储、负载均衡、集群化部署等。

高性能存储和索引:通过使用高性能的存储和索引技术实现对平台的控制,包括使用高速缓存、分布式文件系统、列式存储等技术来提高数据的读写性能和查询效率。

异常监测和故障恢复:需要建立监测和统计系统,及时发现和预测系统的异常,以及采取相应的故障恢复措施,包括实时监测用户活动、日志分析、异常检测和自动故障

切换等技术。

③平台案例：东方宇阳智慧矿山平台

东方宇阳智慧矿山平台通过水平扩展、高性能存储和索引技术，构建了组织用户管理平台，实现了管理海量用户的功能，成功地管理了天池能源公司下辖的多个实体矿业集团中的数万用户。

平台在构建该模块时，充分考虑到了将要面临的海量用户问题，结合多租户架构、水平扩展、高性能存储和索引、安全和隐私保护、异常监控和故障恢复、自助服务和管理工具等技术来实现。东方宇阳智慧矿山平台用户管理模块如图4-39所示。

图4-39　东方宇阳智慧矿山平台用户管理模块

（2）应具备多租户权限管理、用户需求响应、交易支付等服务功能

①名词解释

多租户权限管理：在多租户系统中，应对不同租户与其对应的用户进行权限和访问控制管理的技术。多租户权限管理包括角色与权限分配、资源隔离与访问控制、数据权限控制、多租户身份认证与授权、审计和日志管理等技术。

②条款解读

系统应具备以下能力。

➢ 能够对不同的用户进行权限管理，包括为每个用户分配适当的权限级别。

➢ 系统能够根据不同用户的需求提供相应的服务，包括个性化的界面、功能定制等。

➢ 系统能够支持不同用户进行交易支付，包括账户管理、支付方式设置、交易处理和记录等。

③关键技术

基于角色的访问控制（Role-Based Access Control，RBAC）：一种常见的权限管理模型，将用户以及用户所属的组织分配到不同的角色中，并根据角色授予相应的权限。

多层次的权限控制：多租户环境中通常需要对不同的租户、用户和组织进行不同层次的权限控制。

数据隔离和安全性：多租户环境中应确保不同租户之间的数据完全隔离，并采取对应措施保护用户的数据和隐私。

④ 平台案例：中粮智慧粮厂

中粮智慧粮厂结合 RBAC、多层次的权限控制、基于策略的访问控制，以及数据隔离和安全性技术，构建了组织用户管理模块，通过控制多租户权限管理技术的核心要素，帮助管理员有效地管理和控制了多租户环境中的权限和访问，实现了对中粮旗下一百多个粮厂实体的多租户管理，以及对中粮下辖的多个粮食公司租户及其下辖的附属公司的访问权限和内容管理。中粮智慧粮厂用户管理模块如图 4-40 所示。

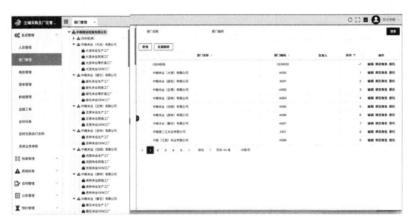

图 4-40 中粮智慧粮厂用户管理模块

（3）应具有开发者社区，积累工业知识、分享开发者经验

① 条款解读

本条款要求平台具备开发者社区，这个社区应能够吸引具有不同学科知识背景和不同行业经验的各种开发者。社区应能够吸引来自不同学科领域的开发者，例如计算机科学、工程和设计等学科领域的开发者；也可以吸引有不同行业经验的开发者，例如具有医疗保健、金融和零售等行业经验的开发者。多元化开发者社区可以促进知识共享、交流合作，并在各个领域间进行创新和知识迁移。

② 平台案例：东方宇阳智慧矿山平台

东方宇阳智慧矿山平台通过社区开发技术，构建了智慧矿山 WIKI 论坛模块，搭建了一个功能齐全、用户友好的开发者社区，具备完善的代码托管能力和多种类型的知识库，促进开发者之间的交流和合作。东方宇阳智慧矿山平台 WIKI 论坛模块如图 4-41 所示。

图4-41 东方宇阳智慧矿山平台WIKI论坛模块

（4）应支持应用开发、测试、部署和发布的统一管理

① 名词解释

面向应用开发、测试、部署和发布的各类服务和管理功能：由平台提供的项目管理和协作工具，例如代码托管平台、版本控制系统、协同编辑工具和项目管理工具，以及为开发者提供的 API 和其他开发者工具，使他们能够更轻松地开发和集成项目。

② 条款解读

平台提供服务的开发、测试、部署和发布全流程环境和对应的管理功能。面向应用开发提供开发工具和集成开发环境、版本控制系统和代码托管平台、代码编辑器、调试和测试工具等。

面向测试：提供自动化测试工具、测试环境配置、测试数据管理和测试报告生成等。

面向部署和发布：提供集成持续集成和持续部署工具、部署和发布管理平台、容器化和虚拟化技术、运维监控和日志管理等。

③ 关键技术

➤ 集成开发环境。

➤ 版本控制系统。

➤ 代码托管平台。

➤ 开发环境配置。

➤ 部署和发布管理平台。

➤ 容器化和虚拟化技术。

④ 平台案例：东方宇阳智慧矿山平台

东方宇阳智慧矿山平台通过集成以 GitLab 和 Kubernetes 为代表的一系列成熟的在线开发工具，为用户和开发者提供了完整的开发、测试、部署和发布的各类服务和管理功能，有效提高了开发的效率，减少了错误和人工操作，提供持续集成和持续交付的能力，增强了软件开发和部署的效率和可靠性。开发工具 GitLab 如图 4-42 所示。

图4-42　开发工具GitLab

九、工业App服务能力

工业 App 服务能力是指基于工业互联网，通过封装工业技术、知识和最佳实践，满足特定需求的工业应用软件所具备的能力。

1. 定义

工业 App 服务是基于松耦合、组件化、可重构和可重用的思想，面向特定工业场景，解决具体的工业问题，基于平台的技术引擎、资源、模型和业务组件，将工业机理、技术、知识、算法与最佳工程实践按照系统化组织、模型化表达、可视化交互、场景化应用和生态化演进原则而形成的应用程序服务，是工业软件发展的一种新形态。

2. 工业模型管理的价值

将已有的工业技术转换为工业 App 服务，人的工作将从复杂地直接控制机器和生产资源转为轻松地通过工业 App 控制机器，甚至是由工业 App 自治控制机器。人的劳动形式将由体力劳动工作逐步转变为更有意义的知识创造工作，从而大大提高个体劳动的价值。工业 App 服务有助于实现数据的自由流动与知识工作的自动化，从根本上改善制造业的设计、生产、运维管理和质量保障模式。

3. 关键指标

工业 App 服务能力的关键指标评估如下。

➢ 提供的工业 App 种类。

➢ 提供的工业 App 数量。
➢ 提供的工业 App 覆盖行业数量。

4. 标准条款

（1）应提供云化工业软件和工业 App 服务
① 条款解读
➢ 应提供云化工业软件，并支持移动应用程序在移动设备上使用相关服务。
➢ 应具备工业 App 库对工业 App 进行管理。
② 能力要点
➢ 支持云化工业软件的数量。
➢ 支持工业 App 的数量。
➢ 支持应用的上传、优化、云化软件权限管理等功能。
③ 平台案例：柠檬豆工业互联网平台

柠檬豆工业互联网平台提供完善的云基础设施，通过软件容器化，将工业 App 打包成独立的容器，以便在云环境中进行部署和管理。柠檬豆云上工业 App 库如图 4-43 所示。

图4-43 柠檬豆云上工业App库

柠檬豆工业互联网平台将工业 App 与其他云服务进行集成，如人工智能、物联网、区块链等，以提供更多的功能和增值服务，增强工业 App 的价值和竞争力。

（2）应具备云化工业软件和工业 App 分类分级管理能力
① 条款解读

应建立完整的分级管理体系，包括不同级别的分类和相应的管理权限。可以根据不同的需求和安全级别，将工业软件和 App 分为不同的级别，如高级别、中级别和低级别等。为每个分类设置相应的管理权限，确保只有具备相应权限的人员能够访问和操作相关软件 App。

②能力要求

➢ 按照相关依据（标准等）对工业 App 进行分类分级。

➢ 支持工业 App 的分类、分级筛选。

➢ 支持工业 App 的权限管理功能。

③平台案例：柠檬豆工业互联网平台

柠檬豆工业互联网平台通过条件查询对工业 App 的应用类型、交付方式进行分类，同时支持根据订阅量排序，通过组合和综合使用，便于用户快速查询到所需要的工业 App。

柠檬豆工业互联网平台在工业应用板块，根据"应用类型"对 App 的功能和用途进行分类，符合工业互联网平台对工业 App 的标准领域划分依据。同时在管理端提供应用权限功能，可以为不同的用户分配不同的权限。柠檬豆工业应用板块如图 4-44 所示。

图4-44　柠檬豆工业应用板块

（3）应具备云化工业软件和工业 App 的在线订阅、在线部署、在线调用

①名词解释

在线部署：将 App 部署到云计算平台上，使用户可以通过网络访问和使用 App。用户无须在本地安装和维护 App，只需通过浏览器或专用客户端登录云平台，即可使用云上部署的工业 App。

在线调用：用户可以通过网络调用云平台上的工业 App 提供的功能和服务。用户可以根据自己的需求，通过 API 或其他方式调用 App 的接口，实现特定的业务逻辑和功能。

②条款解读

应具备线上交易能力，实现工业 App 的在线支付并获得使用权，能够对使用权进行管理维护。同时可以通过通用开发环境和 API 开放服务，提供在线部署及在线调用服务。

③能力要点

➢ 应可实现工业 App 的在线支付、订单管理。

➢ 应可实现工业 App 一体化的编译、打包、部署和测试环境的能力。

➤ 应可实现通过 API 或其他方式调用工业 App 的接口。

④ 条款解读

➤ 屏蔽模型细节，提供统一的对外可访问接口，简化调用难度。

➤ 支持同步和异步调用以满足不同业务场景。

➤ 支持模型服务自动缩扩容满足不同业务的需求量。

⑤ 关键技术

容器技术：用于在操作系统级别隔离应用程序和其依赖的运行环境。它允许将应用程序及其相关的依赖项打包成一个独立的容器，以便在不同的计算环境中进行部署和运行。容器技术在云计算、微服务架构等领域得到广泛应用，并用于应用程序的开发、交付和运维环节。

⑥ 平台案例：柠檬豆工业互联网平台

柠檬豆工业互联网平台数字应用模块集成了自研支付工具和第三方支付工具"微信支付"。通过查看工业 App 详情了解应用提供信息及 App 介绍，可以申请在线订阅，并通过上述支付工具购买。购买完成后，用户可在运营工作台查看订单信息并进行跳转使用。柠檬豆数字应用模块如图 4-45 所示。

图4-45 柠檬豆数字应用模块

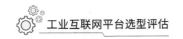

第五章　工业互联网平台业务支持能力

一、产品设计

1. 定义

产品设计是一种通过创造性思维和技术手段，将用户需求和市场趋势转化为具体的产品形态和功能特性的过程，包括产品外观、结构、功能、性能等方面的设计，并注重用户体验、可制造性、成本控制和市场竞争力。

2. 产品设计的价值

产品设计能够创造独特的产品形态、满足用户需求并提供良好的用户体验，进而促进企业的品牌塑造，提高企业的市场竞争力。通过优秀的产品设计，企业能够获得用户的认可和喜爱，实现产品的差异化和市场份额的增长，同时提高产品的质量和价值，为企业带来长期的竞争优势和盈利能力。

3. 标准条款

（1）应具备主流计算机辅助设计（Computer-Aided Design，CAD）、计算机辅助工程（Computer-Aided Engineering，CAE）内核或相关软件接口，提供相应的接口调用服务

① 名词解释

CAD：利用计算机及辅助设计软件帮助设计人员进行设计工作。

CAE：用计算机辅助求解复杂工程和产品的结构强度、刚度、屈曲稳定性、动力响应、热传导、三维多体接触、弹塑性等力学性能的分析计算和结构性能的优化设计等问题的一种近似数值分析方法。

接口调用：程序内部方法与方法、模块与模块之间的交互调用，或是系统对外从其他网站或服务器上获取资源信息的调用。

② 条款解读

➢ 应支持主流的 CAD/CAE 软件，能够与不同软件进行数据交换和集成，提供灵活的设计和工程分析环境。

➢ 应支持接口调用，允许用户在平台上使用 CAD/CAE 软件的功能，实现数据导入、模型编辑、分析计算等操作。

➢ 应通过集成 CAD/CAE 功能，使用户可以在同一平台上完成设计和工程分析任务，减少数据转换和重复操作，提高设计效率和准确性。

③ 能力要点

➢ 主流 CAD 软件接口的支持情况。

➢ 主流 CAE 软件接口的支持情况。

➢ 支持相应软件的接口调用服务情况。

（2）应具备产品设计基础组件，支持接入模型和算法

① 名词解释

产品设计基础组件是指平台提供的产品设计所需的软件、模型、算法、资源、接口等组件工具。主要包括核心组件 CAD 软件、辅助组件 CAE 软件、基于云计算的资源管理组件、接口调用服务组件等，这些基础组件共同构成了工业互联网平台中的产品设计环境，为用户提供了强大的设计和分析能力。

② 条款解读

➢ 应具备全面的产品设计组件和功能。

➢ 应具备灵活的接口和开发平台，可以方便地接入自定义模型和算法，扩展平台的功能和应用范围。

➢ 应提供高性能的计算和处理能力，支持大规模的数据处理和复杂模型的设计与分析，同时具备良好的可扩展性。

③ 能力要点

➢ 支持产品设计工具的数量。

➢ 支持产品设计操作的类型。

➢ 支持自定义模型和算法扩展。

（3）应支持零部件级、组件级、整体级等大型、复杂产品的构型设计

① 名词解释

产品构型设计是指产品的整体形状、结构和组成部件等方面的设计，它涵盖了产品的外观、尺寸、布局以及组件的连接方式等重要元素，旨在实现产品的功能性、可制造性和可维护性。通过合理的产品构型设计，可以确保产品的性能和质量达到预期，并满足用户需求和市场竞争的要求。

② 条款解读

➢ 应具备多层次的构型设计功能，能够支持对不同层级的产品进行细致的设计。

➢ 应提供多种设计工具和方法，以满足不同层次和不同复杂度的产品构型设计需求。

③ 能力要点

➢ 支持产品构型设计的层次和粒度情况。

➢ 具备处理大规模零部件和组件的能力。

➢ 构建产品设计模型的执行速度。

（4）应支持产品参数化设计

① 名词解释

产品参数化设计是一种基于参数化建模的设计方法，通过将产品的设计过程与参数关联起来，实现对产品形状、尺寸、材料、性能等关键参数的灵活调整和变化。参数化设计可以通过调整参数值，快速生成和修改多个产品变体，提高设计效率和灵活性。

② 条款解读

➢ 应支持灵活的参数定义和管理，使用户可以定义和调整产品的关键参数，如尺寸、形状、材料等。

➢ 应支持参数之间的关联和约束，以确保参数的合理性和一致性，避免不可行或冲突的设计。

➢ 应具备强大的参数化建模能力，能够根据参数的变化自动生成和更新产品模型，实现快速设计迭代。

➢ 应支持可视化的参数调整和实时预览，以便用户直观地查看参数变化对产品的影响，并进行实时调整和优化。

③ 能力要点

➢ 支持定义与调整的参数类型。

➢ 支持参数间关联与约束的设计。

➢ 支持实时的参数调整与预览。

➢ 可扩展性与定制化。

（5）应提供材料属性、标准件、公差配合等产品设计标准库，支持设计时的引用

① 条款解读

➢ 应具备丰富的材料属性、标准件和公差配合等产品设计标准库。

➢ 应支持灵活的标准库管理功能，使用户能够根据需要自定义和扩展标准库内容。

➢ 应支持设计时对标准库的引用和快速检索，以提高设计效率和准确性。

➢ 应支持标准库与其他设计工具的集成，如 CAD 软件和 PLM 系统，以实现数据的

共享和协同设计。

② 能力要点

➢ 提供的产品设计标准库种类和数量。

➢ 产品设计标准库的可扩展性。

➢ 产品设计标准库引用的实时性。

➢ 与其他设计工具集成的支持情况。

（6）应支持关键模型库、算例库的调用和集成

① 名词解释

模型库集成了各种产品设计的关键模型和算法，用于支持产品设计过程中的模型创建、模拟分析、优化等任务。模型库包括了物理模型、仿真模型、优化模型等，涵盖了产品设计的各个领域和方面。

算例库存储了各种典型设计案例，用于支持产品设计过程中的参考和借鉴。算例库中包含了经过验证和优化的设计算例，涵盖了不同产品和行业的实际应用情况。

② 条款解读

➢ 应具备关键模型库、算例库的调用能力，支持设计人员快速访问和调用所需的关键模型和算例。

➢ 应具备关键模型库、算例库的集成能力，支持设计人员集成不同行业和领域的模型和算例。

➢ 应支持版本管理和更新，确保关键模型库和算例库的持续扩展。

③ 能力要点

➢ 支持调用的模型库、算例库的种类和数量。

➢ 支持集成的模型库、算例库的种类和数量。

➢ 模型库、算例库调用和集成的便捷性、实时性。

➢ 模型库、算例库的可扩展性。

（7）应集成行业设计标准库、知识库，支持产品配方、组成结构、功能特性、测试方法等的合规性校验

① 名词解释

行业设计标准库是指包含特定行业或领域中常用的设计标准、规范、技术要求等内容的数据库或资源库，具体包括行业内公认的标准件尺寸、材料规范、工艺要求、设计参数等相关信息。行业设计标准库的目的是为设计师和工程师提供方便快捷的参考，确保产品设计符合行业标准，提高产品的质量、安全性和可靠性，同时降低设计风险和重复劳动率。

行业设计知识库是一个集合各种与产品设计相关的知识、经验、信息和技术的库。具体包含了行业内的最佳实践、设计规范、技术文档、设计案例、专家经验等丰富的知识资源。通过行业设计知识库，设计团队可以快速获取和共享设计知识，促进团队协作和学习，提高设计质量和效率。

合规性校验是指对产品设计方案进行检查和评估，以确保产品符合适用的法规、标准、技术规范等相关要求的过程，涉及对产品功能、性能、结构、安全性、可靠性、环境影响等方面的验证，以确保产品在设计阶段就满足相关的法律、技术和行业要求。合规性校验的目标是减少产品的风险、保护用户的利益、确保产品在市场上的合法性和合规性，并提高产品的可信度和竞争力。

② 条款解读

➢ 应具备开放接口，支持集成行业设计标准库、知识库。

➢ 应支持产品配方、参数、结构、性能等多方面的合规性校验能力。

➢ 应具备快速、高效、准确的产品合规性校验能力。

③ 能力要点

➢ 集成的行业设计标准库、知识库的种类和数量。

➢ 支持开展产品合规性校验种类和数量。

➢ 产品合规性校验的执行速度和准确性。

（8）应支持与外部系统对接的结构化产品设计数据导入和导出管理

① 名词解释

结构化产品设计数据是指以一种组织良好、具有明确关系的方式存储和管理的产品设计相关数据，包括产品的构成部件、组件间关系、参数和属性等信息，以及与产品设计过程相关的工艺、材料、性能等数据。通过结构化的数据表示和组织，可以实现对产品设计数据的高效管理、共享和分析，提供更准确、可靠的产品设计和决策依据，加快产品开发周期，提高产品质量和创新能力。

② 条款解读

➢ 应具备灵活的数据导入功能，能够从外部系统或文件中导入结构化产品设计数据，实现数据的快速导入和集成。

➢ 应支持多种数据格式的导出，以便与其他系统或工具进行数据交互和共享。

➢ 应支持数据的批量处理和自动化操作，以提高数据导入和导出的效率，并减少人工干预的工作量。

③ 能力要点

➢ 支持导入和导出的数据格式与种类。

➢ 支持批量处理与自动化操作情况。

➢ 数据导入和导出的执行速度。

（9）应具备产品设计数据发布接口，实现产品设计数据的统一发布

① 名词解释

数据发布接口：一种用于将产品设计数据发布给其他系统或平台的接口。通过该接口，产品设计数据能够以标准化的格式和协议进行交互和共享，使其他系统或平台能够访问和利用这些数据。数据发布接口可以提供数据的查询、订阅、更新等功能，实现产品设计数据的实时或定期发布，从而支持数据的共享、协同和集成。

② 条款解读

➢ 应具备标准化的数据发布接口，以便与其他系统或平台进行对接和数据交互。

➢ 应支持数据的实时或定期发布，以满足不同系统或平台对产品设计数据的及时访问和更新需求。

➢ 应支持高性能的数据发布和传输能力，以处理大量的产品设计数据，并确保数据的快速和可靠传输。

③ 能力要点

➢ 不同数据发布格式与协议的支持情况。

➢ 产品设计数据发布和传输能力。

➢ 产品设计数据发布服务的稳定性与可靠性。

（10）应支持多地、多角色、多专业、全生命周期的协同设计

① 条款解读

➢ 应支持跨地域的协同设计。

➢ 应支持不同设计相关方开展协同设计。

➢ 应支持不同领域相关方开展协同设计。

➢ 应支持产品全生命周期的协同设计。

➢ 应支持开展线上协同设计。

➢ 应支持设计资源协同共享。

② 能力要点

➢ 支持跨地区跨区域协同设计情况。

➢ 支持同时在线设计的人员类型和数量。

➢ 支持产品全生命周期各环节协同设计情况。

➢ 对协同设计参与方的管理与控制能力。

➢ 实时协同设计中的响应速度。

（11）宜支持面向制造和装配的产品设计，包括面向供应链的设计、面向制造的设计、面向装配的设计、面向保障的设计等，支持可制造性评估、供应商选择、工艺设计的并行工作

① 名词解释

面向供应链的设计：产品设计过程中考虑到整个供应链的需求和要求，包括材料供应、零部件生产、物流配送等因素，以确保产品的顺畅生产和供应。

面向制造的设计：在产品设计阶段考虑到产品的制造过程和工艺要求，以实现高效、可靠的生产流程和良好的制造性能，包括对工艺规划、工艺设计和工艺优化等方面的考虑。

面向装配的设计：产品设计时考虑到产品的装配性能和装配工艺要求，以确保产品在装配过程中具有良好的适配性、可组装性和易于维护性，减少装配时间和成本。

面向保障的设计：产品设计时考虑到产品的可靠性、可维护性和安全性等因素，以确保产品在使用过程中具有良好的性能和可靠的运行，包括故障诊断、预防性维护和安全考虑等方面的设计要求。

② 条款解读

➢ 宜提供供应链数据集成和分析功能，支持供应商选择、物料管理和供应链协同，确保设计方案供应链的可行性和可靠性。

➢ 宜提供制造工艺设计和工艺规划的功能，支持工艺参数优化、设备选择和生产线布局等，确保设计方案能够顺利投入生产。

➢ 宜提供装配工艺设计和装配线规划的功能，支持装配顺序优化、工装夹具设计和装配线布局等，确保设计方案的可装配性和生产效率。

➢ 宜提供保障性能分析和可靠性评估的功能，支持维修策略制定和保障资源规划，确保设计方案能够满足产品的可靠性和维修要求。

➢ 宜提供可制造性评估工具和分析能力，帮助发现和解决设计中的制造难题和瓶颈，优化产品设计方案，提高制造质量和生产效率。

➢ 宜提供供应商数据管理和评估功能，支持供应商评分和合作管理，确保选择合适的供应商，优化供应链合作效率。

➢ 宜提供并行工作环境和协同工具，支持多个团队在设计阶段同时进行工艺设计、装配设计和保障设计，提高设计效率和协同性。

③ 能力要点

➢ 面向制造与装配的产品设计支持情况。

➢ 对多种操作并行工作的支持情况。

➢ 产品设计的执行速度。

（12）宜支持产品全生命周期碳足迹核算

① 名词解释

产品全生命周期碳足迹是指某个产品在其生命周期各阶段的温室气体排放量总和，即从原材料开采、产品生产（或服务提供）、分销、使用到最终处置/再生利用等多个阶段的各种温室气体排放量的累加。

② 条款解读

➢ 宜能够采集并整合产品全生命周期各阶段的碳排放数据，包括原材料获取、生产制造、运输配送、使用阶段和废弃处理等。

➢ 宜具备碳排放计算方法和模型，能够根据不同环节的数据和碳排放因素，计算出产品在全生命周期内的碳足迹。

➢ 宜能够对碳足迹数据进行分析和评估，包括对不同环节的碳排放贡献进行量化分析，识别高碳排放环节和潜在减排机会。

③ 能力要点

➢ 支持采集的温室气体的种类。

➢ 支持产品生命周期各阶段数据采集能力。

➢ 支持的碳足迹核算方法/模型种类和数量。

二、工艺设计

1. 定义

工艺设计是工艺规程设计和工艺装备设计的总称，它是根据工业生产的特点、生产性质和功能来确定的。工艺设计是产品制造的关键环节，需要设计师根据产品的特点，结合生产经验，从整体到局部进行设计，确保每个零部件的加工都符合产品的总体方案和加工工艺。

2. 工艺设计的价值

工艺设计能够保证生产的产品符合设计的要求，包括制定优质、高产、低耗的产品制造工艺规程，制定产品试制和正式生产所需的全部工艺文件。良好的工艺设计决定了产品的质量、成本和交付周期。

3. 标准条款

（1）应支持全流程工艺设计与流程的自定义，并支持根据产品的设计特征，实现基于产品特征库及工艺知识库的工艺快速匹配

① 条款解读
- 应支持对产品全生命周期工艺的设计和流程自定义。
- 应具备产品特征库、知识库等工艺库模块，实现对工艺的管理。
- 应支持基于工艺库实现设计工艺的快速匹配。

② 能力要点
- 支持工艺流程模板的种类和数量。
- 支持工艺流程脚本的定义能力。
- 工艺知识匹配效率。
- 工艺库的更新和扩展能力。

③ 平台案例

案例1：CAXA PLM 工艺数据管理平台。

CAXA PLM 工艺数据管理平台通过流程引擎建模技术，构建了工作流定义及管理模块，如图5-1所示。该模块实现了工艺设计与流程的自定义功能，能够根据企业业务流程进行灵活定义及修改。

技术优势：流程定义灵活方便，签名支持自定义，支持在线批注。

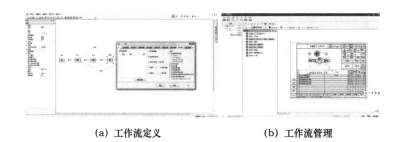

(a) 工作流定义　　　　　　　　(b) 工作流管理

图5-1　工作流定义及管理模块

案例2：CAXA PLM 工艺数据管理平台。

CAXA PLM 工艺数据管理平台通过基于特征内容的关联推荐技术构建了工艺推荐管理模块，如图5-2所示。该模块实现了基于零部件特征自动推荐相似工艺的功能，能够按照历史数据自动推荐相似工艺。

技术优势：设置灵活，匹配条件可自定义，匹配结果准确。

图5-2 工艺推荐管理模块

（2）应支持三维数字化环境下的工艺仿真，支持多专业工艺设计人员的并行协同工艺过程设计

① 名词解释

工艺仿真是指在三维虚拟环境中真实再现具体的工艺过程，它允许用户修改工艺设备及其他相关参数。

并行协同工艺过程设计是指多人同时对同一个工艺过程对象进行设计，涵盖工艺分工、分工设计及工艺合并等多个环节。

② 条款解读

➢ 应具备三维数字仿真功能和环境。

➢ 应支持常见三维格式数模的导入，支持工艺过程的仿真。

➢ 应具备工艺分工的能力，支持工艺单元编辑权限管理。

➢ 应支持开展并行协同工艺过程的设计和管理。

③ 能力要点

➢ 支持三维数模的格式和种类。

➢ 对工艺单元的管理能力。

➢ 支持并行协同开展工艺设计的人数。

④ 平台案例

案例1：CAXA 3D装配工艺平台。

CAXA 3D装配工艺平台基于三维模型与工艺数据关联管理技术，构建了三维装配工艺模块，如图5-3所示。该模块实现了三维装配工艺设计及仿真的功能，达到了基于三维数字化环境的工艺设计及仿真的效果。

技术优势：支持数模格式种类多，拥有三维CAD能力，支持边做工艺边设计。

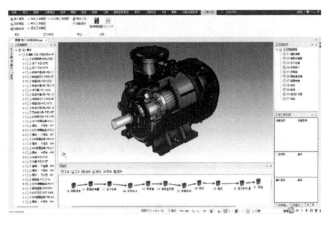

(a) 装配示例1

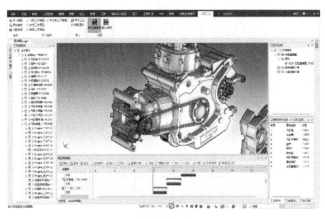

(b) 装配示例2

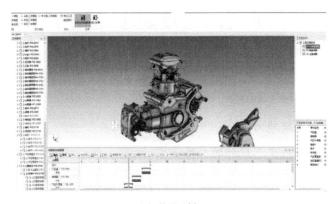

(c) 装配示例3

图5-3 3D装配工艺模块

案例2：CAXA PLM 工艺数据管理平台。

CAXA PLM 工艺数据管理平台通过零件与任务模型关联管理技术，构建了工艺协同设计模块，如图5-4所示。该模块实现了多专业工艺设计人员并行协同进行工艺设计的功能，达到了协同工艺设计的效果。

技术优势：技术分工简单便捷，工艺合并方便实用。

图5-4　工艺协同设计模块

（3）应支持关键工序的质量检验指标定义，保证关键工序过程质量控制

① 条款解读

➢ 应支持工序质量检验指标的定义、编辑、发布等功能。

➢ 应具备工序质量检验指标自动匹配和质检能力。

➢ 应支持质量检验指标结构化管理能力。

② 能力要点

➢ 支持定义工序质量检验指标的类型和数量。

➢ 支持工序质量检验的效率和准确性。

➢ 对工序质量检验指标的管理能力。

③ 平台案例：CAXA PLM 工艺数据管理平台

CAXA PLM 工艺数据管理平台通过基于 CAD 模型的特征识别技术和结构化数据管理技术，构建了尺寸提取、检验手段自动匹配及质量信息结构化管理功能（如图 5-5 所示），实现了关键工序质量检验信息快速生成，保证关键工序过程质量控制的效果。

技术优势：识别多种格式二维、三维尺寸，并支持尺寸上限值和下限值的自动计算。

（4）应支持工序工时定额的计算，并支持特定工序所需的工艺装备申请、研发及选用关联

① 名词解释

工时定额是指在一定的技术状态和生产组织的模式下，按照产品工艺工序加工完成一个合格产品所需要的工作时间、准备时间、休息时间与生理时间的总和。

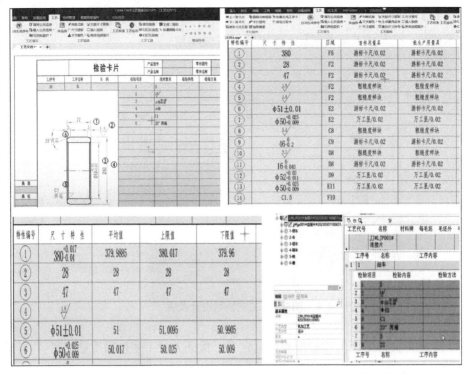

图5-5 尺寸提取、检验手段自动匹配及质量信息结构化管理功能

② 条款解读

➢ 应具备工序工时定额计算功能,实现对不同工序的工时定额计算。

➢ 应具备扩展能力,支持新增、定义、修改特定工序工时定额计算项。

➢ 应具备集成能力,支持工时定额计算相关功能的集成。

③ 能力要点

➢ 支持工时定额计算的工序种类。

➢ 工序工时定额计算的执行速度。

➢ 工序工时定额计算的扩展性和集成能力。

④ 平台案例:CAXA PLM 工艺数据管理平台

CAXA PLM 工艺数据管理平台通过可配置可扩展的定额计算技术,构建了工时定额自动计算功能,该功能可以根据设定条件自动生成工时定额,如图 5-6 所示。

技术优势:公式支持自定义,支持变量的多途径获取,支持工时反填。

(5)应支持工艺知识分类管理,包括典型工艺流程、工序、工步、工艺资源、工艺设计标准,具备快速查询复用能力

① 条款解读

➢ 应具备工艺知识管理功能,支持工艺知识的分类管理。

➢ 应具备工艺知识属性自定义的能力。

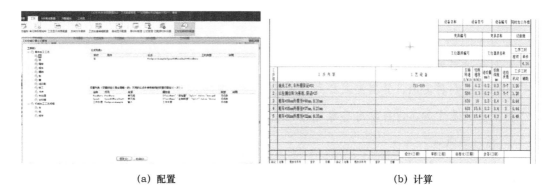

(a) 配置　　　　　　　　　　　　　(b) 计算

图5-6　工时定额自动计算功能

➢ 应具备工艺知识导入导出的能力。

➢ 应具备工艺知识检索、复用、共享的能力。

② 能力要点

➢ 支持管理的工艺知识种类。

➢ 支持工艺知识的权限管理。

➢ 根据给定条件进行工艺知识检索的效率。

➢ 工艺知识的可复用性。

③ 平台案例：CAXA PLM 工艺数据管理平台

CAXA PLM 工艺数据管理平台通过知识分类管理技术实现工艺知识的分类管理，如图5-7所示。工艺知识包括典型工艺、工序、工步、工艺资源、工艺设计标准、工艺术语、常用语等，并且具备快速查询复用能力。

技术优势：分类定义灵活，支持扩展，支持分类的权限管理。

(a) 知识分类——类型工艺　　　　　　(b) 知识分类——工艺资源

图5-7　工艺知识的分类管理

（6）应支持关键工序加工设备的性能参数定义，并支持基于加工设备及材料定额的财务概算

① 条款解读

➢ 应支持对关键工序加工设备的相关参数进行定义、编辑。

➢ 应具备材料定额计算模型或公式，支持材料定额计算。

➢ 应支持基于加工设备动态参数及材料定额计算财务数据。

② 能力要点

➢ 支持定义、编辑加工设备参数的类型和数量。

➢ 支持材料定额计算模型、公式的数量。

➢ 财务概算的实时性、准确性。

（7）应支持与生产设备的集成对接，保证工艺指令、设备参数信息直接下发到生产设备，并支持利用传感器等物联网设备，实现工业真实生产状态的可视化

① 条款解读

➢ 平台应具备开放接口，支持与不同的生产设备集成。

➢ 平台应支持工艺指令、工艺计划、工艺参数等工艺数据的下发。

➢ 平台应能够实时采集生产设备数据，并对数据进行可视化分析和展示。

② 能力要点

➢ 支持集成的生产设备种类和数量。

➢ 支持下发的工艺数据种类和数量。

➢ 支持采集并可视化生产状态的设备种类和数量。

➢ 工艺数据下发的实时性。

③ 平台案例：CAXA PLM 工艺数据管理平台

CAXA PLM 工艺数据管理平台通过数据结构化管理及集成技术，构建了设备管理及数据采集和传输功能，达到了将工艺指令、设备参数信息传递到指定设备并对设备信息进行采集监控的效果，如图 5-8 所示。

技术优势：支持各类数控机床及 PLC 等，支持设备类型多，数据传输成熟稳定。

（8）应支持基于生产现场反馈信息的工艺参数闭环优化，并支持新产品工艺试验验证方案与结果记录

条款解读如下。

➢ 应具备工艺信息的采集汇聚能力，支持对生产现场设备运行参数、产品工艺信息、生产环境数据的采集。

➢ 应支持根据采集的生产现场反馈数据进行工艺参数的调节、修改、优化。

第五章 工业互联网平台业务支持能力

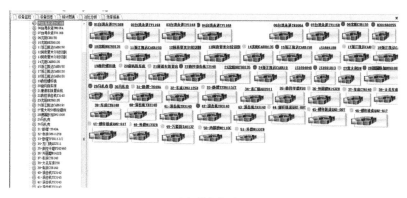

(a) 设备管理

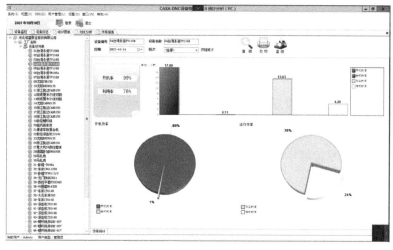

(b) 统计分析

图5-8 设备管理及数据采集和传输功能

➢ 应支持将优化后的工艺参数下发到生产现场设备进行工艺试验验证与分析。
➢ 应支持记录工艺验证参数、方案和结果等信息。

三、供应链管理

1. 定义

供应链管理，是指在产品或服务从原材料采购到最终交付给客户的整个过程中，对供应链网络进行规划、协调和控制的活动。它涵盖了供应商选择、物流运输、库存管理、订单处理、生产计划等方面，旨在优化供应链的效率、降低成本并提高客户满意度。

2. 供应链管理的价值

降低成本：通过优化物流运输、减少库存水平、精确预测需求等手段，供应链管理

153

可以帮助企业降低采购、生产和分销等环节的成本，提高企业的盈利能力。

提高交付速度：供应链管理可以优化供应链网络，缩短交货时间，使企业能够更快地响应市场需求，提高客户满意度，并增加市场竞争力。

提高质量和可靠性：通过与供应商建立紧密的合作关系，强化质量管理和监控，供应链管理可以提高产品和服务的质量，并减少因供应商问题导致的生产中断和延迟交货。

增强可持续性：供应链管理可以帮助企业更好地管理环境、承担社会和道德责任、推动可持续发展。例如，通过选择符合环保标准的供应商、优化运输路线等方式，减少碳排放，降低企业生产对环境的影响。

加强合作与创新：供应链管理鼓励企业与供应商、分销商和其他合作伙伴之间的密切合作与协同，促进信息共享和技术创新，共同应对市场变化和挑战。

3. 标准条款

（1）应支持开展供应商管理，包括供应商认证、分类、绩效评估

① 名词解释

供应商管理：对供应链中的供应商进行有效管理和协调的过程。它涉及与供应商建立合作关系、选择供应商、与供应商进行沟通和协商、评估和监控供应商绩效、处理问题和风险等一系列活动，有助于确保供应链的顺畅运转和优化。

供应商认证：企业对供应商进行评估和审核，并根据一定的标准和要求，确认供应商在质量、环境、社会责任、合法合规等方面具备必要的能力和资质的过程。通过供应商认证，企业可以筛选出符合其要求的可靠供应商，并建立长期稳定的合作关系。

供应商分类：将供应商按照一定的标准和特征进行分组或分类的过程。这有助于企业更好地了解和管理不同类型的供应商，并采取相应的管理策略和方法。

绩效评估：通过对供应商进行定期或不定期的评估和分析，衡量其在关键绩效指标上的表现和达成目标的能力。通过供应商绩效评估，企业可以了解供应商的优势和改进空间，以便采取相应的管理措施来提高供应链效率、降低风险并优化合作关系。

② 能力要点

➢ 建立供应商认证体系，对潜在供应商进行评估和筛选，确保供应商符合组织的要求和标准。

➢ 根据供应商的特征和重要性，将供应商进行分类，以便更有效地管理和分配资源。

➢ 建立供应商绩效评估体系，定期对供应商的绩效进行评估和监控。

③ 平台案例：柠檬豆工业互联网平台

柠檬豆工业互联网平台通过结构化的数据存储和模块化的系统设计，构建了供应商

管理模块，具有良好的可扩展性。

技术优势：具备通过客户需求导向，实现供应商的认证、分类、绩效评估，并不断优化供应商的能力，帮助企业实现高效、安全和可持续的供应商管理能力。

（2）应支持开展合同管理，支持合同类型自定义、合同模板自定义、电子和手工签章管理等

① 名词解释

合同管理：对供应链中的各类合同进行有效管理和控制的过程。它涵盖了从合同的创建、签订到履行和结束的全过程管理。

合同类型自定义：在合同管理系统或平台中，用户可以根据实际需要自行定义和配置不同的合同类型。这样可以使合同管理系统更贴近业务需求，并适应不同行业、组织或项目的特定合同类型。

合同模板自定义：在合同管理系统或平台中，用户可以根据自身需求和规范，自行创建、编辑和配置各类合同模板。这样可以使合同管理更加灵活、高效，并确保生成的合同文件符合组织的要求。

电子和手工签章管理：在合同签署和管理过程中，对合同文件进行电子签章或手工签章，并进行相应的记录和管理。这样可以确保合同的合法性、完整性和可追溯性。

② 能力要点

➢ 允许用户根据业务需求自定义合同类型。

➢ 具备合同模板自定义功能，使用户能够根据需要创建、修改和管理各种类型的合同模板。

➢ 通过数字证书和加密技术，电子签名可以提供安全的签署方式，并确保签署的合同的完整性和不可篡改性。

➢ 提供变更请求的记录和审批流程，以及对合同变更的跟踪和执行管理，这可以确保变更的合规性和可追溯性。

➢ 支持补充合同的起草、协商、签署和生效管理，并确保补充合同与原始合同的关联性和一致性。

➢ 提供文档管理和存储功能，以便于合同文件的组织、检索和备份，并确保数据的安全和合规性。

③ 平台案例：柠檬豆工业互联网平台

通过柠檬豆工业互联网平台合同管理系统，自动化生成、审批和跟踪供应链合同，提高了合同管理效率，降低了错误风险，确保供应链的顺利运作和合规性。合同管理系统如图5-9所示。

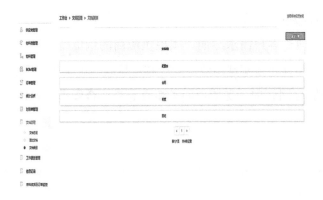

图5-9　合同管理系统

技术优势：智能合同管理系统，并通过加密技术，确保供应链的数据安全性和真实可靠性，确保供应链顺畅、合规。

（3）应支持开展采购管理，包括采购寻源管控、在线协同、采购数据分析、采购风险预警等

① 名词解释

采购寻源管控是指对采购过程中的供应商选择、评估、谈判和合同签订等环节进行管理和控制的流程。它的目的是确保企业能够以合理的价格获得高质量的商品或服务，并确保供应商能够按时履行合同。

在线协同是指通过对供应链上下游企业之间的协调和管理，实现信息互通、资源共享和利益分配的平衡，提高供应链的整体效率和竞争力。

采购风险预警是指通过分析采购过程中可能出现的风险因素，提前预测和识别潜在的采购风险，并采取相应的措施进行预防和控制，以减少采购风险对企业的负面影响。

② 能力要点

➤ 支持多种采购寻源方式，多维度供应商评估。

➤ 至少包括采购订单协同、财务协同两方面的信息共享。

➤ 采购数据分析图表多样化。

③ 平台案例：谷器数据供应链平台

谷器数据供应链平台，采购询价是采购人员向供应商发出的询问，以了解供应商的报价和产品规格等信息，以便为采购决策提供依据；采购人员需要明确采购物品的名称、规格、数量、质量要求、交货时间等，以便向供应商提供清晰明确的采购需求。

技术优势：利用电子数据交换（Electronic Data Interchange，EDI）技术。EDI使用的是标准化的数据格式和规则，企业需要确定使用的数据标准，例如UN/EDIFACT（联合国

行政、商业和运输电子数据交换）或 ANSI X12（美国国家标准化组织电子数据交换）等。

（4）应具备供应链信息共享服务，支持销售订单、工单配料、物料库存、在途物料、来料质量、供应商信息、物料消耗、产线物料配送、工单完工、仓库成品等信息的共享

① 名词解释

供应链信息共享服务：不同企业之间共享与供应链相关的信息，以提高供应链的效率、减少成本和增加灵活性。通过供应链信息共享，企业可以更好地了解供应链的情况，及时发现和解决问题，同时也可以更好地协调与供应商、制造商、物流服务商等合作伙伴之间的关系，实现供应链的协同运作。

② 条款解读

➢ 可将采购方的销售订单、物料消耗、物料库存、产线物料配送、来料质量等信息共享给供应方，供应方可实时查询。

➢ 可将供应方的在途物料、来料质量、供应商信息、工单完工、仓库成品等信息共享给采购方，采购方可实时查询。

③ 能力要点

➢ 支持共享双方彼此共享生产、质量、库存等信息。

➢ 信息共享基本是实时的，没有太大的时延。

➢ 共享数据既可以采自其他系统，也可以由本系统业务操作产生。

④ 平台案例：谷器数据供应链管理平台

通过使用谷器数据供应链管理平台，实现了共享双方协同，使供应链上下游企业之间信息对称，以实现供应链整体效率和效益的最大化，谷器数据供应链管理平台如图5-10所示。

图5-10 谷器数据供应链管理平台

四、计划调度

1. 定义

计划调度包含生产计划与生产调度。生产计划是企业对生产任务作出统筹安排，具体拟定生产产品的品种、数量、质量和进度的计划。生产调度是组织执行生产进度计划的工作。生产调度以生产计划为依据，生产计划要通过生产调度来实现。

2. 计划调度的价值

保证客户订单及时交付，合理调用企业各项资源，充分发挥设备能力，降低消耗，节约成本，实现企业利益最大化。

3. 标准条款

（1）应具备数据集成能力，支持连接外部客户关系管理系统、供应商管理协同、企业资源计划等业务系统，获取原材料供应和市场订单数据

① 条款解读

支持多系统集成，降低企业运营成本。能够从业务管理系统客户关系管理、供应链管理、企业资源计划等后台自动同步数据，掌握市场实时动态。

② 平台案例：忽米工业大数据中心平台

忽米工业大数据中心平台具有数据源配置功能、IoT 数据源导入功能，支持 IoT 实时数据源、离线数据源、kafka 数据源、API 数据源等数据的标记及导入功能。

（2）应支持与生产执行系统或控制系统对接，下达生产计划与生产任务

① 条款解读

➤ 与 MES 对接工单数据、报工、设备状态等数据。

➤ 基于企业的安全库存、采购提前期、生产提前期等制约要素实现物料需求计划的运算。

➤ 依据生产数量、交期等约束条件自动生成生产计划。

② 平台案例：根云平台

根云平台与 MES 对接工单数据、报工、设备状态等数据，如与仓库管理系统（Warehouse Management System，WMS）对接库存数据。

（3）应支持基于物料、产能、设备模具状态等生产约束条件实现生产计划优化模型的构建、管理与优化

① 条款解读

生产计划优化模型：综合考虑物料、产能、设备模具状态等生产约束条件，构建生产计划优化模型，实现生产计划的最优化和高效执行。

通过对生产过程的监控，获取从原料到成品之间的生产、库存、消耗等数据，不断和生产计划对比，不断优化模型的构建及管理。

② 平台案例：根云平台

根云平台结合实际生产情况，对物料、资源、产能、库存、工艺、日历、排程参数等生产信息进行及时维护；通过排程规则和优化算法，对资源调度和生产顺序进行优化。

（4）应支持开展高级计划排产

① 名词解释

高级计划排产：考虑各种生产约束条件后，基于有限产能的生产计划排产系统，约束条件包括资源工时、物料、加工顺序及自定义约束条件。包含了大量的数学模型、优化及模拟技术。

② 条款解读

基于先进排产调度的算法模型，系统自动给出满足多种约束条件的优化排产方案，形成优化的详细生产作业计划。

实时监控各生产要素，系统实现对异常情况的自动决策和优化调度。

在流程式行业，高级计划系统（Advanced Planning System，APS）主要解决顺序优化问题；在离散式行业，APS主要解决多工序、多资源的优化调度问题；在项目管理模式，APS主要解决关键路径和成本时间最小化问题。

③ 平台案例：根云平台

根云平台支持设定排程相关参数，包括分配方向，资源选定、资源切换周期、制造周期、工作分配规则、分配维度、分配方式、排产规则等，主要通过资源、订单甘特图直观立体查看计划关系，支持动态调整。

（5）应支持生产计划的进度监控，实现执行异常时的计划调整与自动调度

① 名词解释

自动调度：工业生产中常用的一种生产管理方法，它可以通过计算机程序自动计算出最优的生产排程，以实现生产效率的最大化。

基于智能算法并融合人工智能动态调整的新一代高级计划与高级排产系统，提前处理生产过程中的波动和风险，实现动态实时的生产排产和调度。

基于产能模型、供应商评价模型等，自动生成产业链上下游企业的生产作业计划，并支持对企业间生产作业计划异常情况的统一调度。

② 平台案例：根云平台

根云平台通过订单和资源甘特图直观掌握生产计划和进度。从甘特图上能够清楚地了解计划的开始时间、结束时间、完工情况、是否延期、资源负荷、生产是否存在异常或紧急插单等情况。

五、生产管控

1. 定义

广义的生产管控指为保证生产计划目标的实现，按照生产计划的要求，对企业生产活动全过程进行检查、监督、分析偏差和合理调节的系列活动。狭义的生产管控主要是指对生产活动中生产进度的控制，又称生产作业控制。

2. 生产管理的价值

提高生产管理的有效性，即通过生产管控使企业的生产活动既可在严格的计划指导下进行，满足品种、质量、数量和时间进度的要求，又可按照各种标准来进行活劳动和物化劳动，实现成本目标，从而取得良好的经济效益。

3. 标准条款

（1）应支持在线查阅工艺标准、作业手册

① 名词解释

工艺标准和作业手册是指为了确保产品的生产流程、质量和安全性而制定的详细规定。工艺标准主要描述了生产过程中的各种参数、操作步骤、设备和工具的使用方法，以及质量控制方法。作业手册则是对工艺标准的进一步解读和说明，通常包含了详细的操作流程、注意事项、故障处理方法等内容。工艺标准和作业手册可以帮助员工更好地理解和执行生产任务，提高生产效率和产品质量。

② 条款解读

➤ 在线查阅提高工作效率：让工作人员在需要参考资料时，快速获取所需信息，提高工作效率。

➤ 确保资料准确性：平台可以对工艺标准、作业手册进行版本管理，保证资料的准确性，防止因资料错误导致的生产事故。

➤ 知识管理：通过在线查阅工艺标准、作业手册，可以实现知识的积累与传播，便于企业进行知识管理，不断提升企业的技术水平和竞争力。

➢ 系统集成：信息化系统可以将工艺标准、作业手册与其他系统（如生产管理系统、设备管理系统等）集成，实现数据共享，方便企业进行整体管理与优化。

➢ 数据库管理系统存储和管理工艺标准和作业手册的数据，必要时支持使用搜索引擎等工具帮助现场人员快速找到所需的工艺数据。

➢ 可以使用三维模型和虚拟现实技术来创建工艺标准和作业手册的数字表现形式，从而使其可以在线查阅。

➢ 提供网页端、移动端等多平台访问方式，满足用户在不同设备上查看工艺的需求。

➢ 数据的实时更新和同步技术，确保工艺标准和作业手册的更新。

➢ 为不同角色的用户分配不同的权限，确保数据的安全和隐私。

③ 能力要点

➢ 平台将作业指导书按照产品、工序、工艺等进行分类存储。

➢ 平台支持智能检索，可以通过关键词搜索、供需或分类快速找到所需的作业指导书。

➢ 平台具备工艺标准和作业指导书的审批、发布和更新等流程。

④ 平台案例：阿尔卑斯系统集成（大连）有限公司

阿尔卑斯系统集成（大连）有限公司在生产管控环节中，进入 SMT 管理系统后，通过资料下载，可以查阅《工程指示书》。《工程指示书》中标注生产过程中所有的工艺标准、作业流程、作业内容。SMT 管理系统如图 5-11 所示。

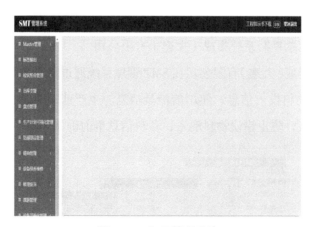

图5-11 SMT管理系统

（2）应支持生产作业过程的完整数据采集，支持对连续生产和物料处理的全程跟踪

① 条款解读

数据采集范围：涵盖生产过程中的所有环节，包括原材料采购、生产加工、质量检测、产品交付等。

数据采集频率：根据生产流程的需要，实时或定期进行数据采集，确保数据的准确性和及时性。

数据采集工具：利用工业互联网平台提供的各种数据采集工具，如传感器、物联网设备等。

数据采集结果：将采集到的数据进行处理和分析，为生产管控提供决策依据。

② 能力要点

➢ 工业互联网平台需要支持对生产过程进行全程跟踪。

➢ 连续生产过程中，需要对生产数据进行实时采集。

➢ 物料处理过程中，需要对物料的数量、质量、位置等信息进行实时跟踪。

➢ 通过全程跟踪，可以更好地掌握生产过程中的各个环节，及时发现问题并进行优化。

③ 关键技术

实时数据采集技术：传感器、射频识别、IoT 等技术，实时采集设备运行数据。这种实时采集数据的技术可以确保数据的及时性，为后续分析提供基础。

数据传输技术：采用低时延、高可靠性的网络传输技术，如 5G、Wi-Fi 等，确保数据在传输过程中不会出现丢失、延迟或中断等问题。

设备数据采集频率设定：数据采集频率是影响实时性的重要因素，可以根据实际需求设定不同的采集频率，如 1 秒/次、5 秒/次、10 秒/次等。

系统集成技术：利用企业内部的生产管理、ERP、MES 等系统，以及外部的供应链、物流、市场等数据。

④ 平台案例：阿尔卑斯系统集成（大连）有限公司

阿尔卑斯系统集成（大连）有限公司在 SMT 管理系统通过治具照合、部品照合等机能，采集生产过程中的物料投入信息、使用的治具信息。生产前，通过备料检查机能，对备料信息进行事前确认，防止错误物料混入，备料信息事前确认如图 5-12 所示。

图5-12　备料信息事前确认

（3）应具备生产进度、物料资源等数据的实时展示、分析与异常报警服务

（4）应支持工艺异常分析、工艺参数自动调优

① 名词解释

异常报警：通过系统检测到生产过程中发生的异常情况时，自动发出警报的功能。这些异常可能包括设备故障、原材料短缺、生产过程中出现错误、生产环境异常等。通过及时发现和处理这些异常情况，可以减少生产损失，提高生产效率和产品质量。

② 条款解读

➢ 连接设备、MES等，建立数据采集与传输通道，采集生产计划执行数据，实时监控生产线的生产进度。

➢ 利用大数据平台进行数据整合、处理和分析，可以实时展示生产进度、物料资源消耗等数据，为生产管理提供有力支持。

➢ 通过数据可视化工具，将复杂的生产数据转化为直观的图表和报告，便于管理者快速掌握生产状况，做出正确的决策。

➢ 利用机器学习和人工智能技术，对生产数据进行预测性分析，可以提前发现潜在的问题，降低生产风险。

③ 关键技术

设备故障报警：当设备故障时，平台自动发送警报，提示操作员进行维修或更换设备。

原材料短缺报警：当生产过程中需要的原材料不足时，平台会发送警报，提示操作员及时补充原材料。

生产过程中的错误报警：当生产过程中出现错误时，平台会自动发送警报，提示操作员进行纠正。

生产环境异常报警：当生产环境不符合生产要求时，平台会自动发送警报，提示操作员进行调整。

其他异常情况报警：根据生产过程中可能发生的异常情况，平台预置相应的报警条件，并实现触发自动报警。

④ 能力要点

平台支持汇聚设备数据（运行状态、性能参数和故障信息等数据）、质量数据（检测数据、各批次合格率数据等）、能耗数据（电表、水表、气表等数据）、环境数据（温度、湿度等数据），以及现场管理数据等。

通过实时监控生产数据，实时掌握生产进度、资源使用情况等信息。同时，可以通过图表、报表等形式展示生产数据，帮助管理者快速了解生产状况。

支持将生产进度跟踪结果反馈给相关人员，以便及时调整生产计划和资源分配。

⑤ 平台案例：阿尔卑斯系统集成（大连）有限公司

阿尔卑斯系统集成（大连）有限公司在生产管控环节中，SMT 系统通过生产计划管理，对每条线体可生产机种进行生产数据基础化显示，如图 5-13 所示。显示内容包括：工单号、机种、加工数量、计划开始时间等。生产计划看板对生产计划的工单状态进行实时管控。

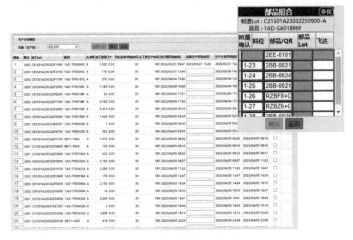

图5-13　生产数据基础化显示

（5）宜具备生产制造、设备维修等场景的三维操作指导能力

① 名词解释

三维操作指导是指基于超轻量化三维模型技术，通过快速定义装配路径、装配动画视角等，实现工艺三维作业指导书的编制及应用，直观形象地使用动画展示工艺步骤，更容易被现场作业人员所理解并遵守。

② 关键技术

现行的作业指导手册往往以二维图纸为主，从二维图纸上不能直观地了解工艺位置和要素，利用三维可视化手段可以提高直观性，有效提高生产作业过程的工作效率。

设计部门已经广泛采用三维工具，生产部门也需要三维可视化工艺系统的升级，以三维作业指导书为切入点，促进设计、生产等部门的跨部门协同作业，使企业多方位利用三维 CAD 数据。

通过三维作业指导书，员工可在不熟悉某类产品的情况下快速地了解其加工方法和过程。

③ 能力要点

平台支持汇聚设备数据（运行状态、性能参数和故障信息等数据）、质量数据（检测数据、各批次合格率等）、能耗数据（电表、水表、气表等数据）、环境数据（温度、湿度等数据）以及现场管理数据等。

通过实时监控生产数据，可以实时掌握生产进度、资源使用情况等信息。同时，可以通过图表、报表等形式展示生产数据,帮助管理者快速了解生产状况。

支持将生产进度跟踪结果反馈给相关人员,以便及时调整生产计划和资源分配。

④平台案例:阿尔卑斯系统集成(大连)有限公司

阿尔卑斯系统集成(大连)有限公司在生产管控环节中,系统通过基板照合判断基板使用是否错误,来提高生产品质。通过生产时对钢网、刮刀等的使用次数进行统计和判断,以及时维护治具,提升治具使用寿命。基板照合如图5-14所示。

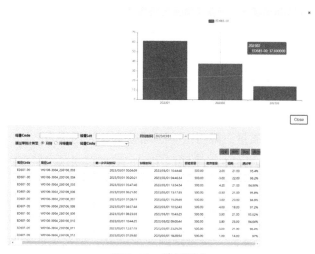

图5-14　基板照合

(6)宜具备设备生产能力、加工状态等信息的跨企业共享,支持开展协同生产和产能交易

①名词解释

协同生产:打破时间、空间的约束,通过互联网络使整个供应链上的企业和合作伙伴共享客户、设计、生产经营信息。从传统的串行工作方式,转变成并行工作方式,从而最大限度地提前新品上市的时间,缩短生产周期,快速响应客户需求。

产能交易:线上线下产能资源协同,以生产力租赁为主要形式,为同一领域的企业提供订单交易,释放制造个体的生产潜力,促进社会化资源整合。

②条款解读

➤ 支持通过对地理位置、装备工况、工艺能力等多维度数据的挖掘分析,为加工制造供需双方提供智能筛选匹配、订单交易及工艺方案服务。

➤ 具备询价报价、商机与交易管理、订单智能筛选匹配等各项线上服务功能。

➤ 支持供需双方的商务洽谈、商机评估、智能优选、打样试制、远程下单、支付存管、生产追溯等交易全流程服务。

③应用案例:树根互联通过实施订单管理系统

树根互联通过实施订单管理系统，实现订单转化过程和订单交付过程的数据打通、业务互通、节点状态推送，同时打通生产环节的各个业务系统，实现了数据汇集、统一管理。让定制家居产业的门店与工厂能够共享订单状态，实时跟踪订单的交付情况，同时能够通过系统推送短信通知，提醒节点状态，提高工作效率，减少错漏情况，为企业对门店的统一管理提供有效的管理手段。

六、质量管控

1. 定义

质量管控：在生产过程中，通过各种手段对产品进行检测、控制和改进，以保证产品的质量符合规定的要求。

实施目的：提高产品的质量，降低成本，增强企业的竞争力。

相关标准：ISO9001、ISO14001、TSQI、GB/T 19001—2016 等。

2. 质量管控的价值

2023 年 2 月，国务院印发的《质量强国建设纲要》指出要加强政策引导，深入推进全面质量管理，优化产业链供应链质量管理。同时，要加强企业内部质量管理，推广应用先进质量管理方法，提高全员、全过程、全方位的质量控制水平。

质量管控有利于提高产品质量、降低生产成本、提高生产效率和增强企业竞争力。

3. 标准条款

（1）应支持质量目标分解，具备质量计划、质量检验规程管理功能

① 名词解释

质量目标分解：根据业务需求，将企业的质量目标分解到各个部门和岗位，使企业的质量目标更具有操作性。

质量计划管理：根据业务需求，修改、调整企业的质量计划。

质量检验规程管理：根据业务需求，修改调整企业生产中的质量检验规程。

② 能力要点

质量目标分解能力：根据作业生产目标及作业生产环境，基于平台自动或辅助完成对质量目标的分解。

质量计划管理能力：支持根据作业生产环境，执行制定、修改、删除质量计划等操作。

质量检验规程管理能力：支持根据作业生产环境，执行制定、修改、删除质量检验

规程等操作。

③ 平台案例：钢铁行业质量管控

通过接收系统销售订单，对订单进行评审，建立冶金规范体系，形成基于实际生产的质量体系。对订单逐一进行质量设计，通过对各生产工序的在库量、计划量、通过量等的跟踪，对物料进行动态跟踪与管理，并基于各工序库区设置情况，实现厂内原料库和成品库的系统化管理，涵盖入库、出库等功能。钢铁行业质量管控如图5-15所示。

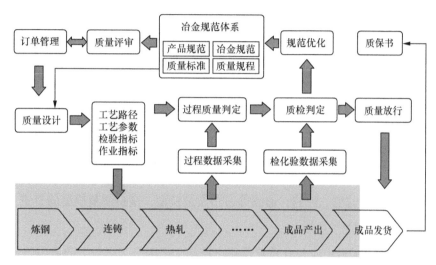

图5-15　钢铁行业质量管控

（2）应支持采集设备、工艺等影响产品质量的相关数据

① 关键数据参考

设备数据：包括设备的运行状态、生产数据、报警数据以及维修记录、保养记录等信息。

工艺数据：生产过程中的各种参数和指标，如温度、压力、湿度等，这些数据可以帮助企业更好地控制生产过程，提高产品质量。

② 条款解读

设备质量数据采集：支持采集生产作业过程中设备运行的质量数据，如速度、振动、温度、电流电压等。

工艺质量数据采集：支持采集生产作业过程中工业产品的质量数据，如温度、压力等。

③ 平台案例：×××车间质量管控

谷器数据SupplyX.MOM系统质量管理如图5-16所示，支持在电脑端回填质检合格数量、不合格数量，系统可自动判断抽检数量是否满足抽检比例，如果满足则允许质检人员标注此质检单为合格状态，维护此质检单不合格状态则不需判断抽检比例。同时支持在掌上电脑上进行检验，检验后，合格则扫描标注合格，待入库处理。不合格则扫描后标注不合格，转移至隔离库，等待退货处理或让步接收评审。

图5-16　谷器数据SupplyX.MOM系统质量管理

（3）应提供质量监测、控制、追溯等通用质量模型，支持质量模型的自主开发

① 条款解读

通用质量模型：平台中应包含质量监测、控制、追溯等多场景下的通用质量模型。

模型自主开发：根据业务需求，平台应支持开发质量模型或者基于原有模型持续升级。

② 能力要点

通用质量模型应用能力：平台中质量监测、控制、追溯等多场景下的通用质量模型数量。

质量模型自主开发能力：支持开发质量模型或者基于原有模型持续升级。

③ 平台案例：×××工厂视觉质检

在生产现场部署工业相机或激光扫描仪等质检终端，通过内嵌5G模组或部署5G网关等设备，实现工业相机或激光扫描仪的5G网络接入，实时拍摄产品质量的高清图像，通过5G网络传输至部署在移动边缘计算（Mobile Edge Computing，MEC）上的专家系统，专家系统基于人工智能算法模型进行实时分析，对比系统中的规则或模型要求，判断物料或产品是否合格，实现缺陷实时检测与自动报警，并有效记录瑕疵信息，为质量溯源提供数据基础。同时，专家系统可将数据进一步整合，上传到企业质量检测系统，根据周期数据流完成模型迭代，通过网络实现模型的多生产线共享。

（4）应支持质量管理体系、质量标准和检验检测知识库管理

① 条款解读

质量管理体系管理：支持生产过程中的质量管理体系管理，及时根据最新要求修改、

调整质量管理体系。

质量标准管理：支持生产过程中的质量标准管理，及时根据最新要求修改、调整质量标准。

检验检测知识库管理：支持生产过程中的检验检测知识库管理，及时根据最新要求修改、调整检验检测知识库。

② 平台案例：格力电器工厂视觉质检

联通以一套独立 MEC 为格力打造了工业虚拟专网，实现生产控制网与生产管理网融合，在实际生产中利用 5G 网络将待检内容自动拍照，照片视频流上传至部署在 MEC 平台的机器视觉质检应用，运用图形处理单元（GPU）大算力资源与数据模型做实时比对分析检查，实现设备自动识别，检测结果以毫秒级时延返回现场端，自动化生产线与质检系统关联，做出不良品分离操作。

（5）应支持质量设备的在线检测、实时分析、自动决策

① 条款解读

在线检测：支持采集生产作业过程中设备运行的质量数据，实现对生产过程中产品质量的在线检测，利用软测量技术实时检测、实时反馈，以便更好地指导生产，减少浪费。

实时分析：支持采集生产作业过程中设备运行的质量数据，支持对采集的质量数据及状态数据进行实时分析。

自动化决策：一种使用计算机程序来进行自动决策的方法。这种方法可以帮助人们解决复杂的决策问题，并且可以在需要做出决策的时候迅速做出决策，平台应支持采集生产作业过程中设备运行的质量数据，并基于采集到的质量数据实现自动决策或辅助决策。

② 平台案例：宝钢设备故障诊断

采集连铸辊编码、位置、所处区段受到的热冲击温度、所处区段的夹紧力与铸坯重力的合力等数据，通过 5G 网络实时传输至设备故障诊断等相关系统，采用人工智能和大数据技术对不同区段的连铸辊的寿命进行预测，减少了现场布线的工作量，提高了寿命预测的准确率。同时，采集风机振动、电流、电压、温度、风量等运行数据，通过 5G 网络实时传输至设备故障诊断等相关系统，实现对生产作业过程中风机设备运行情况的在线监控，提前预警设备故障，通过对风机设备的在线监控，员工点检负荷率明显下降，点检效率提升 81%。

（6）应支持基于质量检测数据趋势的质量预测分析

① 名词解释

质量预测分析：是指利用历史数据进行预测的方法，更好地指导生产，减少浪费。

② 能力要点

质量数据采集能力：支持采集生产作业过程中产品的质量数据。

质量预测分析能力：支持根据采集的设备质量数据开展质量预测分析，并能够提供决策或辅助提供决策。

③ 平台案例：质量趋势分析

谷器数据 SupplyX.MOM 系统质量管理支持完善的质检数据分析，可体现 Xbar 即时的推移图，数据来源巡检（操作员+品质专项检需要在线监控）数据，设备自动采集数据需要做 CPK 在线监控，频率不能超出小时为单位，支持异常数据查询、历史数据查询。

（7）应支持质量缺陷分析及质量改善方案管理

① 条款解读

产品质量缺陷分析：支持对产品生产过程中产生的质量缺陷进行分析，并能够支持决策或辅助支持决策。

产品质量方案管理：支持根据产品质量缺陷分析结果优化、改善设备质量的管理方案，支持对质量方案的升级、维护、更新等。

② 平台案例：钢铁行业质量预测

高炉故障诊断模型如图 5-17 所示，针对高炉炼铁过程中数据的非高斯性和时变统计特性等问题，采用基于滑动窗口主元凸包的 PCA 算法（MWCHPCA），用主元得分向量的凸包表示主元空间内的置信区域，并在主元凸包和 SPE 的检测逻辑基础上设计了基于规则的滑窗更新方法，无须复杂的调参过程且能较好地区分正常过程波动和异常过程故障。

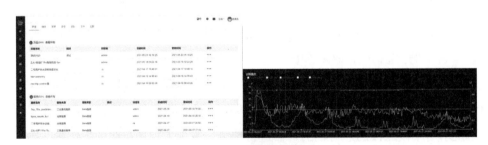

图5-17　高炉故障诊断模型

七、仓储配送

1. 定义

仓储管理：将所采购的原材料和零部件入库、保管、出库，并对仓库和仓库中储存的物资进行管理。

配送管理：从实物运动形态的角度出发，将生产的产品运到物流中心、厂内或其他工厂的仓库。

2. 仓储配送的价值

仓储配送具有以下价值。

提高货物流通速度：通过合理的仓储布局和物流路径规划，充分利用空间，实现快速存储和处理，大幅度提高货物的流通速度。

降低物流运营成本：通过对货物的分类、包装和装配等，提高货物的储存效率，降低工作量和物流成本。

保障产品存储质量：根据不同的货物特性和存储条件，合理选择存储设备和环境，并对货物的质量进行严格控制，确保货物的安全性和质量。

3. 标准条款

（1）应支持调用设备中的 API，实现对分拣设备的控制，完成货物的分拣入库

① 常见的分拣设备

RFID 扫描枪：能够自动识别条码获取商品信息或者物流信息，并且将相关信息准确传送出去。

分拣机器人：具备传感器、物镜和电子光学系统的机器人，可以对不同的物品进行分类、排序、识别等操作。

交叉分拣输送机：利用转弯输送机进行上坡/下坡。并轨机和目的点均可采用各种方法进行配置和优化。

② 条款解读

API 调用：支持调用仓储作业过程中物流设备的 API 服务，采集仓储配送过程中的物流设备状态信息。

物流设备管理：支持根据作业要求及环境，调整及优化分拣设备的作业状态，如速度等。

物流设备协同：支持多类型物流设备信息整合，实现多物流设备的协同作业，完成货物的分拣入库。

③ 能力要点

API 调用能力：支持多种协议解析，调用不同类型的分拣设备的 API 服务，采集分拣

设备的状态数据。

设备接入能力：支持通过平台查看已接入的分拣设备的状态信息。

设备管理能力：支持通过平台管理已接入的分拣设备，包括启动、修改、作业状态优化等。

设备协同能力：支持多类型物流设备信息整合，实现多物流设备的协同作业，完成货物的分拣入库。

④ 平台案例

案例1：×××厂区智能物流。

通过内置5G模组或部署5G网关等设备可以实现厂区内自动导引车（Automated Guided Vehicle，AGV）、自主移动机器人、叉车、机械臂和无人仓视觉系统的5G网络接入，部署智能物流调度系统，结合5G MEC+超宽带室内高精定位技术，可以实现物流终端控制、商品入库存储、搬运、分拣等作业的全流程自动化、智能化。

案例2：×××厂区仓储配送。

WMS与智能叉车中控系统连续协同，通过Web Service接口方式完成货物入库的自动分拣和搬运。WMS货物入库搬运后、叉车的调用以及搬运完成后会连续协同WMS，记录搬运的作业周期。WMS通过输入输出采集模块对消防系统进行消防警报的采集，并在火险发生时通过智能叉车中控系统完成叉车的自动避险。WMS与智能叉车中控系统协同如图5-18所示。

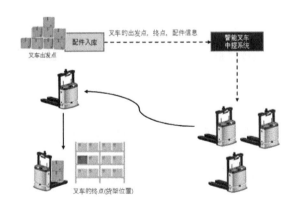

图5-18 WMS与智能叉车中控系统协同

（2）应支持采集叉车、AGV等物流设备运行数据，开展数据建模，优化物料配送方案

① 名词解释

AGV：在智能仓储中常用AGV进行搬运，能够提高搬运效率2～3倍。同时，AGV

系统与电商仓储 WMS 无缝对接，可实现订单的快速响应，提升了客户的满意度。

数据建模：对现实世界各类数据的抽象组织，确定数据库需管辖的范围、数据的组织形式等，直至转化成现实的数据库，用于定义和分析数据的要求。

② 条款解读

运行数据采集：支持采集作业过程中叉车、AGV 等物流设备的数据。

设备数据建模：根据采集的叉车、AGV 等设备的数据搭建数据模型。

优化配送方案：根据生成的数据模型，分析仓储配送作业的运行效率，可以提供或辅助提供物料配送方案。

③ 平台案例：×××厂区配送方案优化

×××厂区配送方案优化如图 5-19 所示。

➢ 采用任务队列和中转区的方式，存储待执行搬运任务，通过任务路径调整任务优先度，优化叉车调度。

➢ 采用最短配送时间优化配送方案。

步骤一：通过节点匹配找到可用线路。

步骤二：通过计算节点到达时间值，找到最短时间路径。

图5-19　×××厂区配送方案优化

（3）应支持采集生产、运营、仓储等管理系统数据，实现物料出入库与生产作业的协同

① 条款解读

系统数据采集：支持采集生产、运营、仓储等系统的数据。

系统数据集成：支持集成不同系统间的生产运行数据。

多个系统协同：支持根据生产作业要求，完成多个系统间的协同作业，实现物料出入库与生产作业的协同。

② 平台案例：×××厂区仓储配送

×××厂区仓储配送如图 5-20 所示。

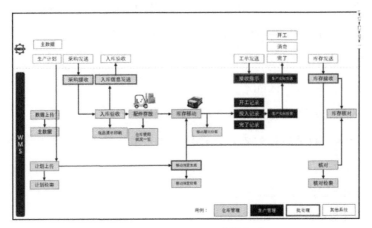

图5-20　×××厂区仓储配送

根据 MES 的订单信息，完成入库验收后，通过配件存放机能把配件通过调用智能叉车放置到对应货架。

根据上传生产计划后生成的库存移动预定，WMS 进行实际库存移动时，调用 AGV 把配件移动到产线。

（4）宜具备物流仓储实体的模型构建和可视化能力，支持开展仓储布局仿真布置和调试

① 条款解读

仓储模型构建：支持根据物流仓储的实体状态，如长、宽、高、内部格局等构建物流仓储的三维模型。

模型三维可视：支持从多个维度查看模型状态，如仓储内部温度、货架布局、叉车状态等。

模型仿真调试：支持通过模型，开展仓储布局仿真布置和调试，优化仓储配送能力。

② 平台案例：×××厂区仓储模型

×××系统对仓储场景起到监控的作用，对于货架和移动中的货品进行数据采集，通过可视化系统快速获取设备的运行状态、货架的数据变更以及面板数据的实时反馈，全方位掌握仓储转运中心的活动状态，起到监管、维护以及调配多维度统一的作用。

×××厂区仓储模型如图 5-21 所示。

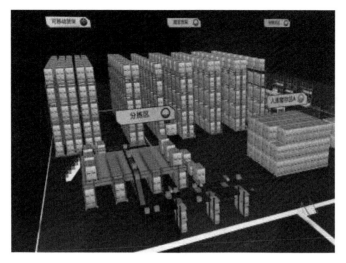

图5-21 ×××厂区仓储模型

（5）宜具备仓储配送调度仿真能力，实现物资流转与订单执行的协同

① 名词解释

生产物料调度：将管理的功能导入到生产物料调度的活动中，以快速、有效的方法，及时协调工厂内部车间之间、工段之间所需物料的安排、领取、调配。

生产设备调度：为实现生产设备的高效利用，减少因生产设备空置造成的生产资源浪费，需对生产设备调度进行有效的管理。

② 条款解读

配送调度仿真：支持通过模型对仓储配送过程仿真，优化仓储配送流程和物资流转状态。

订单执行协同：为实现生产设备的高效利用，减少因生产设备空置造成的生产资源浪费，通过模型仿真分析，实现对物资流转和订单执行的协同。

③ 平台案例：×××厂区看板管理

×××厂区看板管理如图5-22所示。

×××汽车零部件第三方物流供应商企业的看板件存储区，直接向汽车总装线送货，有看板收集人员定时在总装线巡线，将收集到的看板送到存储区的看板接收站点，交给看板备货员。收集看板的巡线路线共有18条，单位时间内产生看板的数量相差较大，需要将18条线的备货任务尽可能平均分给各备货员。

（6）宜具备物流库位周转率等统计评估功能

① 条款解读

设备数据采集：支持采集设备的库位信息，并基于物资运转情况以固定频率更新数据。

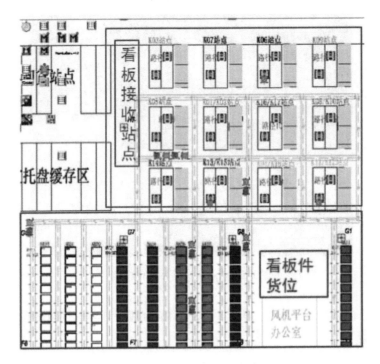

图5-22　×××厂区看板管理

设备数据分析：支持分析采集的历史数据，并自动生成库位周转率、设备环比等数据。

设备数据预测：支持根据历史数据及订单要求，实现库位状态的优化和升级，以满足业务需求。

②平台案例：×××厂区仓储配送

统计整体仓库的使用率和配件库存的总体金额，保税品和非保税品的利用率，以及各自的配件库存总金额。通过可视化的方式展示各个货架配件的放置状况，如图5-23所示。

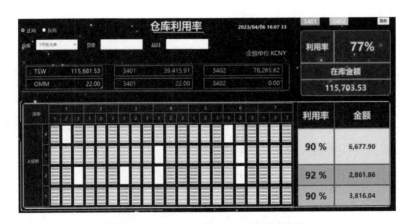

图5-23　×××厂区仓库利用率界面

八、物流管理

1. 定义

物流管理是指对货物在运输过程中的各个环节进行管理和协调以及实时监控和追踪，以实现高效、低成本的运输服务。运输物流管理是物流管理的一个重要组成部分，其目标是确保货物安全、准确、及时地到达目的地。

2. 物流管理的价值

通过对物流流程的优化设计、资源合理配置及信息化管理，企业能够提高货物运输、仓储、配送等环节的效率，降低运营成本，提高资源利用效率，减少环境污染。

3. 标准条款

（1）应支持对运输载体和产品物资的位置信息、订单状态、产品配送、应急处置等多种数据和信息的查询、跟踪与异常预警

① 名词解释

位置信息：是指物流运输过程中，用于跟踪和监控运输载体或产品位置的信息。这些信息可以通过 GPS 定位、北斗导航系统、基站定位等技术手段获取，并可以通过物流管理软件、车载终端设备等途径进行查询和监控。

订单状态：是指物流交易过程中的不同状态，包括未付款、已付款、已发货、已到货等状态，交易双方可通过订单状况掌握订单执行的进展，并可对异常订单状态进行干预。

② 条款解读

➢ 应支持对物流运输载体或产品的位置、状态等数据的采集和管理。

➢ 应具备物流数据库，支持对物流运输载体或产品信息的查询。

➢ 应支持实时跟踪和监控物流运输载体或产品，发现位置异常、路线异常、状态异常等情况时，能够及时自动报警。

③ 能力要点

➢ 支持采集、跟踪、监控物流信息的种类。

➢ 物流信息异常反应处理的实时性与精准性。

➢ 异常预警信息的可配置性及预警处置方式的多样性。

④ 平台案例：谷器数据物流管理平台

谷器数据物流管理平台通过车辆定位、在线交易等技术，构建了订单管理、运输管理、

车辆管理等模块，实现了订单、产品配送、异常问题处理等功能。

技术优势：具备监控看板，实时查看运输状态及变化情况，并支持轨迹回放、异常事件在线登记，方便追溯复核。

（2）应具备协同物流服务，包括运输需求发布、运力资源发布、货源信息和运力信息实时展示、供需双方快速匹配与交易

① 名词解释

协同物流服务：一种集成物流服务模式，企业通过平台提供物流服务并协调所有的物流活动，把全部或部分企业的物流管理或产品分销职能外包给专门的物流管理部门。

② 条款解读

➢ 应支持物流服务供需双方注册管理，登记双方基本信息。

➢ 应具备协同物流服务功能。

➢ 应支持需求方发布物流需求、供应方发布运力资源。

➢ 应支持供需双方物流信息实时展示和需求匹配及交易。

③ 能力要点

➢ 支撑物流供需双方提供的物流服务种类。

➢ 货源及运力信息发布更新的实时性、有效性、准确性。

➢ 物流需求在线交易的安全性、可靠性。

④ 平台案例：谷器车货匹配平台

谷器车货匹配平台是货主与司机的在线撮合货运平台，具有计算机端和 App 双系统，提供在线交易撮合、发货和运输管理、车辆跟踪和发票管理、数据上报等服务。东北区域优质线路如图 5-24 所示。

（3）宜具备定位导航、物流调度等能力

① 名词解释

定位导航：是通过输入目的地信息或选择预设目的地，由系统规划出正确的导航路径，指导从当前位置到达目的地的过程。可以帮助企业更好地管理物流流程，优化运输路径，提高物流效率并降低成本。

物流调度：根据物流运输需求，对运输车辆、路线、时间等进行规划和安排，以实现物流运输的高效性、合理性和安全性，对运输过程进行实时监控，及时处理运输过程中的问题，确保物流运输的安全和顺利进行。

② 条款解读

➢ 宜具备对物流运输载体进行定位、对行驶路线进行规划等功能。

➢ 宜支持对行进中的运输载体位置实施监控，对运输车辆、路线、时间等进行动态

规划和调度。

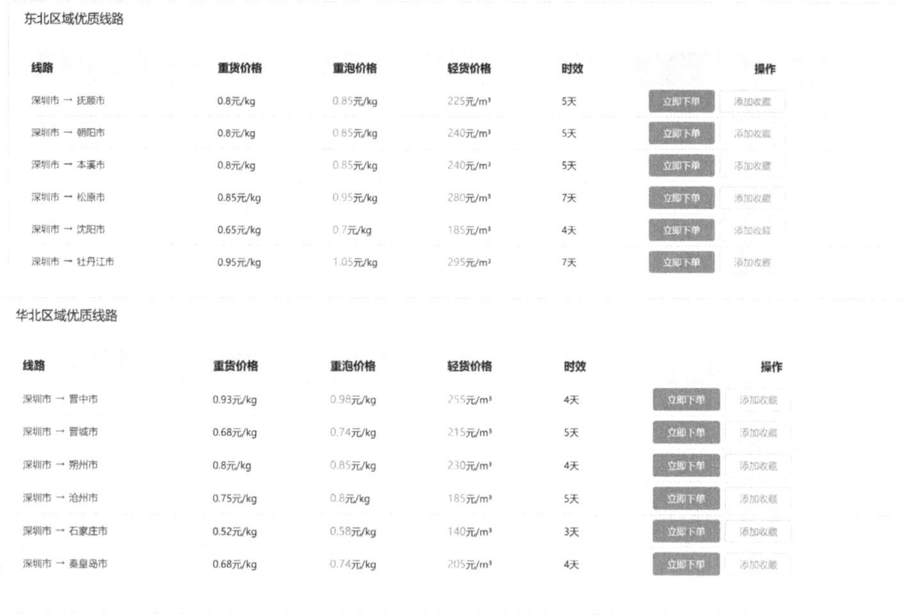

东北区域优质线路

线路	重货价格	重泡价格	轻货价格	时效	操作
深圳市 → 抚顺市	0.8元/kg	0.85元/kg	225元/m³	5天	立即下单 添加收藏
深圳市 → 朝阳市	0.8元/kg	0.85元/kg	240元/m³	5天	立即下单 添加收藏
深圳市 → 本溪市	0.8元/kg	0.85元/kg	240元/m³	5天	立即下单 添加收藏
深圳市 → 松原市	0.85元/kg	0.95元/kg	280元/m³	7天	立即下单 添加收藏
深圳市 → 沈阳市	0.65元/kg	0.7元/kg	185元/m³	4天	立即下单 添加收藏
深圳市 → 牡丹江市	0.95元/kg	1.05元/kg	295元/m³	7天	立即下单 添加收藏

华北区域优质线路

线路	重货价格	重泡价格	轻货价格	时效	操作
深圳市 → 晋中市	0.93元/kg	0.98元/kg	255元/m³	4天	立即下单 添加收藏
深圳市 → 晋城市	0.68元/kg	0.74元/kg	215元/m³	5天	立即下单 添加收藏
深圳市 → 朔州市	0.8元/kg	0.85元/kg	230元/m³	4天	立即下单 添加收藏
深圳市 → 沧州市	0.75元/kg	0.8元/kg	185元/m³	5天	立即下单 添加收藏
深圳市 → 石家庄市	0.52元/kg	0.58元/kg	140元/m³	3天	立即下单 添加收藏
深圳市 → 秦皇岛市	0.68元/kg	0.74元/kg	205元/m³	4天	立即下单 添加收藏

图5-24　东北区域优质线路

③ 能力要点

➢ 运输载体位置定位的精准度与实时性。

➢ 运输载体路径规划的合理性、准确性。

➢ 物流动态规划与调度能力。

④ 平台案例：谷器数据物流管理平台

谷器数据物流管理平台通过对车辆服务范围的划分，自动将车辆服务范围内的派车任务需求分配给对应的车辆，达到快速完成调度大部分工作的能力，降低调度的复杂度，减轻调度员的工作量。

技术优势：具备先进的定位技术包括GPS定位、蜂窝网络定位、惯性测量单元等。提供多种路线优化算法，可提高路线规划的经济性与合理性，并可根据最新路况调整最优路线。

九、营销管理

1. 定义

营销管理是指企业为实现经营目标，对建立、发展、完善与目标客户交换关系的营销方案进行分析、设计、实施与控制。

2. 营销管理的价值

营销管理是根据企业规划和实施营销理念制定市场营销组合，为满足目标客户需求和企业利益而创造交换机会的动态、系统的管理过程。营销管理是企业经营管理的重要组成部分，是企业营销部门的主要职能。

3. 标准条款

（1）应具备商机线索管理、商机跟踪等营销需求跟踪功能

① 名词解释

商机线索：线索是一个大的资源池，商机存在于这个资源池中，两者是包含与被包含的关系。客户有潜在的需求，且对企业的产品有购买意向，这才算是一个有价值的线索，在此基础上加深与客户沟通，从而确定商机。

商机跟踪：商机跟踪的主要目的是获取准确的数据，进一步评估商机质量，并反推商机渠道的质量、商机系列工作的绩效、市场部盈亏平衡点计算。在追踪的过程中，主要观测两个指标：第一指标，项目是否立项；第二指标，是否签订合同。

② 条款解读

- 应具备对线索的发现能力。
- 应具备对线索进行统筹管理的能力。
- 应具备判断线索是否能转化为商机的能力。
- 应具备对商机进行跟踪及情况实时反馈的能力。
- 应根据情况实现商机的重大节点、关键时间的预警功能。

③ 能力要点

- 是否具备线索高效抓取能力。
- 单位时间内线索的处理能力。
- 线索转化为商机的准确程度评定。
- 商机情况抓取的及时性。
- 商机情况反馈的及时性。

（2）应支持基于市场信息和公共数据开展需求预测性分析

① 名词解释

预测分析：大数据分析方法中最有价值的一种分析方法，这种方法有助于预测个人未来（近期）的行为，例如某人很可能会买某些商品，可能会访问某些网站，做某些事情或者产生某种行为。通过使用各种不同的数据集，例如历史数据、事务数据、社交数据，

或者客户的个人信息数据,来识别风险和机遇。

② 条款解读

➢ 应具备对市场信息进行采集和处理的能力。

➢ 应具备对公共数据进行采集和处理的能力。

➢ 应具备市场信息和公共数据整合、筛选及展示的能力。

➢ 应具备对数据进行深度挖掘的能力。

➢ 应具备基于数据处理对未来态势进行预测的能力。

③ 能力要点

➢ 是否能够实现对市场信息的采集处理。

➢ 是否能够实现对公共数据的采集处理。

➢ 是否能够对数据实现深层次分析及知识挖掘。

➢ 是否能够基于数据分析能力实现对未来态势的预测。

➢ 是否会根据现有信息实时动态调整预测结果。

(3) 应具备营销机会推理分析、营销计划制订、营销数据统计功能

① 名词解释

营销机会:营销所指的机会,是市场上尚待满足的需要、欲望和需求,包括人们没有被满足的需要、欲望和需求。

营销计划:营销计划是营销的核心工具,它概述了该营销活动期间的所有要素,例如企业的营销目标、营销定位、市场研究、业务目标市场概述、营销活动、需要跟踪的关键绩效指标、营销组合、竞争、营销策略、营销预算、监控和绩效机制等。

营销数据:营销数据是指为了某种营销目的而采集和整理的关于组织机构或者消费者个人的一组信息来预测、描述、管理控制市场,从而使销售过程数据化、利润最大化和支持市场持续发展。这些信息通常是真实的,也可能是从商业调查、交易或市场研究信息中推断出来的。

② 条款解读

➢ 应具备对营销信息进行处理的能力。

➢ 应具备对市场情况进行把控监测的能力。

➢ 应具备对营销机会进行推理预测的能力。

➢ 应具备智能化营销计划生成的能力。

➢ 应具备对营销数据进行统计分析的能力。

③ 关键技术

知识推理技术:所谓的知识推理,就是在已有知识的基础上,推断出未知知识的过

程。从已知的知识出发，从中获取所蕴含的新的事实，或者从大量的已有知识中进行归纳，从个体知识推广到一般性知识。

④ 能力要点

➢ 是否能够实现对营销机会的分析推送、提醒。

➢ 是否能够支持对营销计划的智能化制订。

➢ 是否能够实现对营销数据的采集和处理。

➢ 是否能够实现对营销数据的统计分析。

（4）宜支持基于知识图谱的客户管理、基于虚拟现实和增强现实的交互式情景化的产品演示和定制选型

① 名词解释

知识图谱：人工智能的重要分支技术，它在 2012 年由谷歌提出，是结构化的语义知识库，用符号形式描述物理世界中的概念及其相互关系，其基本组成单位是"实体—关系—实体"三元组，以及实体及其相关属性——值对，实体间通过关系相互联结，构成网状的知识结构。

客户管理：所谓客户管理，就是对客户的姓名、住址等基本信息以及销售额等信息进行"管理"。但是，客户管理不仅是管理客户信息本身，更重要的是管理与客户的"关系"。在客户管理过程中，除了客户信息，还需要记录客户购买历史、营销活动的反应、支持状态和访问状态等各种信息。

② 条款解读

➢ 应具备知识图谱。

➢ 应具备对客户信息库支撑客户管理的实现。

➢ 应具备客户管理的功能模块。

➢ 应具有基于交互形式的产品演示功能。

➢ 应具备基于人机交互开展产品的定制选型的能力。

③ 关键技术

虚拟现实是 20 世纪发展起来的一项实用技术，囊括计算机、电子信息、仿真技术，基本实现方式以计算机技术为主，利用并综合三维图形技术、多媒体技术、仿真技术、显示技术、伺服技术等多种高科技的最新发展成果，借助计算机等设备产生一个逼真的具备三维视觉、触觉、嗅觉等多种感官体验的三维虚拟世界，从而使处于虚拟世界中的人产生一种身临其境的感觉。

增强现实技术是一种将虚拟信息与真实世界巧妙融合的技术，广泛运用了多媒体、三维建模、实时跟踪及注册、智能交互、传感等多种技术手段，将计算机生成的文字、图像、三维模型、音乐、视频等虚拟信息模拟仿真后，应用到现实世界中，两种信息互

为补充，从而实现对现实世界的"增强"。

④ 能力要点

➢ 是否具有知识图谱能力。

➢ 是否能够实现对客户的信息统筹、信息筛选、信息匹配、信息高效处理、用户需求的整合推送等功能。

➢ 是否能够实现虚拟与现实的交互场景。

➢ 是否能够实现人与机器的无障碍交互。

➢ 是否具有产品演示的能力。

➢ 是否具有产品的自主化定制选型的能力。

（5）宜具备客户画像服务，支持开展客户群体分析、用户行为的建模分析

① 名词解释

客户画像：客户画像包括企业客户画像和个人用户画像两部分。企业客户画像的定义是基于客户企业规模、行业、产品、经营模式、企业上下游、企业员工等各个维度的数据刻画出来的企业形象。企业客户画像的字段包括且不限于营业额、企业阶段、组织架构、融资情况、分支机构数、客户的客户、客户的业务模式和客户信息化情况等。个人用户画像具备职业属性和个人属性。

客户群体：客户群体是指通过区域定位、客户定位等多个方面分析出来的群体，最终通过各种方式将商品信息传达给目标客户群体。

② 条款解读

➢ 应具备对用户信息统合整理的能力。

➢ 应具备客户画像的功能。

➢ 应具备客户群体信息的采集处理能力。

➢ 应具备对用户群体进行定位分析的能力。

➢ 应具备对用户行为建模分析的能力。

③ 关键技术

数据建模：构建应用系统的核心，是尽可能精准地表示业务运转的概念性框架。数据模型定义了操作者、行为及管理业务处理流程的规则，并用人和应用程序都能理解的标准语言语法描述定义内容。本质上，数据模型将业务中涉及的概念转换为计算机代码，让应用程序和计算机系统都能按照设计者的意图处理各类信息。如果没有数据模型，就不可能实现信息的自动化处理。数据模型在应用系统开发过程中起着关键作用，能够决定应用系统开发及使用效率，并承担着企业用户和信息技术专家之间的桥梁作用，有助于双方就业务运转达成共识。

④ 能力要点

➤ 是否能够准确把握用户特点。

➤ 是否能够准确呈现用户特征。

➤ 是否能够准确分析客户群体特征。

➤ 是否能够准确定位目标客户群体。

➤ 是否具有数据建模能力。

➤ 是否能够对用户行为进行分析。

（6）宜具备根据客户画像推荐商品的能力

① 名词解释

推荐商品：在满足客户当前需求的同时，为客户规划下一步平台化发展方案，基于此向客户推荐相关的工业软件产品、转型方案及集成方案等。

② 条款解读

➤ 应具备基于用户信息进行精准检索的能力。

➤ 应具备对用户需求进行解析分析的能力。

➤ 应具备对用户需求与产品能力匹配定位的能力。

➤ 应具备推送、推广的渠道门户。

③ 关键技术

智能匹配技术：原理是通过研究人工智能技术，加工制造智能化机器，代替人们完成一些复杂、困难的工作，人类大脑被誉为世界上最精密的仪器，而运用现代化科学技术可模拟人类大脑的思考过程，例如智能控制系统的编程，通过处理、交换和分析人类智能信息，模拟人脑技能，实现各领域生产过程的自动化。

④ 能力要点

➤ 是否能够实现对客户画像信息的调取。

➤ 是否能够准确把握客户需求。

➤ 是否能够实现需求和产品特征的匹配。

十、设备管理

1. 定义

设备管理即以设备为研究对象，追求设备综合效率，应用一系列理论、方法，通过一系列技术、经济、组织措施，对设备的物质运动和价值运动进行全过程（从规划、设计、选型、购置、安装、验收、使用、保养、维修、改造、更新直至报废）的科学型管理。

2. 设备管理的价值

合理运用设备技术经济方法，综合设备管理、工程技术和财务经营等手段，使设备寿命周期内的费用/效益比（即费效比）达到最佳程度，即设备资产综合效益最大化。

3. 标准条款

（1）应支持协议解析、嵌入式软件开发工具包等方式汇聚设备数据

① 名词解释

嵌入式软件开发工具包：是一些软件工程师为特定的软件包、软件框架、硬件平台、操作系统等建立应用软件时的开发工具的集合。嵌入式软件开发工具包主要用于开发和构建嵌入式系统的应用程序。嵌入式软件开发工具包通常包括编译器、调试器、库、API 和文档等工具和资源，可以帮助开发人员快速地构建和部署嵌入式应用程序。

② 条款解读

保证关键工序设备能够接入平台，实现设备通信。

➢ 设备直连。

➢ 工业网关。

➢ 平台提供可供调用的软件开发工具包。

③ 关键技术

数据采集、协议适配。

④ 能力要点

➢ 平台支持设备连接方式。

➢ 平台内置协议数量。

➢ 平台提供协议转换器，支持用户进行配置和开发。

⑤ 平台案例：开物工业互联网平台——工业设备智能平台

开物工业互联网平台——工业设备智能平台提供工业设备数字化建模平台、对接工业现场智能数据采集、提供数据采集软件开发工具包等软件能力，以及为第三方提供标准化的通信和应用 API 服务。工业设备智能平台如图 5-25 所示。

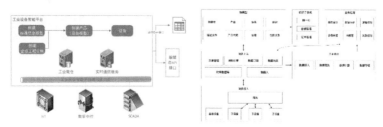

图5-25 工业设备智能平台

设备直连：在客户的设备中嵌入 MQTT 客户端，并将 MQTT 中的数据格式与设备智能 IELink 协议做适配。在 MQTT 客户端中上报与云端产品（信息模型）一致的属性、事件、服务即可与云端模型映射。

（2）应支持实时监测设备位置、开关机等运行状态

① 条款解读

➤ 平台支持监测在线、离线设备的状态。

➤ 平台支持对设备实时状态监控。

➤ 平台支持对设备管理，统计和分析产品加工时长、位置等数据信息并进行展示。

② 关键技术

➤ 设备运行状态检查方法。

➤ 获取设备状态数据，继而分析和处理数据。

③ 能力要点

覆盖设备的关键运行参数（温度、电压、电流等）数据的实时采集。

④ 平台案例：蜂巢工厂——行业级工业 iPaaS 平台

蜂巢工厂设备智能化运营中心显示设备运行率、设备运行监控、月度设备运行情况、故障统计、车间设备运行率排行、点检统计分析、维修能力分析等信息，如图 5-26 所示。

图5-26 蜂巢工厂设备智能化运营中心

（3）应具备设备运行管理、设备维修记录管理等功能

① 条款解读

蜂巢工厂根据设备运行状态监测数据，支持管理设备信息、监控设备状态、故障预警和报警及管理设备维修记录。

设备信息管理：包括设备名称、型号、序列号等基本信息。

设备状态监控：实时监控设备的运行状态和故障情况。

故障预警和报警：及时发现设备故障并发出报警信息。

设备维修记录管理：记录设备维修的时间、原因、维修人员等信息，方便追溯和分析。

② 能力要点

蜂巢工厂能够根据设备运行状态监测数据，触发相关维修任务工单，同时在系统内协调相关维修资源（例如备件、作业指导、工具及人员准备等）以支持维修任务的完成。蜂巢工厂构成基于设备状态的闭环维修体系。

③ 平台案例

案例1：开物工业互联网平台。

智慧泵房App可实时了解能量流、供水流的走向、关系，实现供水监测和预测，实时掌握供水用水、泵站用电数据及泵组实时运行情况。泵房部分信息示意如图5-27所示。

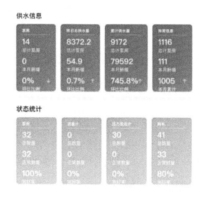

图5-27 泵房部分信息示意

案例2：CyberSmartAI工业互联网平台。

CyberSmartAI工业互联网平台支持统计加工时长、良品率、维修记录。对发生故障的设备进行诊断和定位，通过数据挖掘技术，对设备运行趋势进行动态智能分析预测。CyberSmartAI工业互联网平台如图5-28所示。

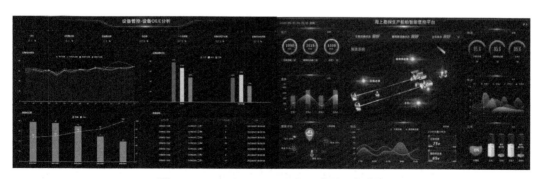

图5-28 CyberSmartAI工业互联网平台分析

（4）应支持开展基于历史数据和实时数据的建模分析预警

① 名词解释

设备故障预测维护：故障预测与健康管理技术，是指利用先进的传感技术，获取系统运行状态信息和故障信息，借助神经网络、模糊推理等算法，根据系统历史数据和环境因素，对系统进行状态监测、故障预测，同时对系统的健康状态进行评估，结合维修资源情况，给出维修决策，以实现关键部件的实情维修。该技术能够提前预知将要发生故障的时间和位置，预测设备的剩余使用寿命，提高设备的运行可靠性，减少设备的维修费用和提高维修准确性，实现设备的基于状态的维修。

② 条款解读

平台支持基于历史数据和实时数据对设备开展预测性分析（通过采用大数据分析、基于运行机理的建模等方法），预判设备故障，并根据预判结果开展预见性的维修计划和维修活动。

基于历史数据的建模分析：通过对历史数据进行分析，预测未来趋势和可能发生的问题。

基于实时数据的建模分析：实时收集和分析数据，对当前状况进行预警和决策支持。

基于机器学习的建模分析：利用机器学习算法，通过大量数据训练模型，提高预测准确性和反应速度。

基于人工智能的建模分析：利用人工智能技术，实现更复杂的数据分析和决策支持，例如自然语言处理、图像识别等。

③ 关键技术

人工智能、大数据、大模型。

④ 能力要点

平台对采集的设备进行全周期监测，建立设备故障知识库，通过数据挖掘技术，对设备运行趋势进行动态智能分析预测。

⑤ 平台案例：CyberSmartAI 工业互联网平台

CyberSmartAI 工业互联网平台提供优化罗盘功能，可以对设备事故统计、报警次数、预测报警，通过时间序列模型进行预测预警，分级预警，给予现场操作人员不同等级的提示。设备故障诊断系统负责对平台采集的设备状态数据、运行数据和现场视频数据进行全周期监测，建立设备故障知识图谱，诊断和定位发生故障的设备，通过数据挖掘技术，对设备运行趋势进行动态智能分析预测，并通过网络实现报警信息、诊断信息、预测信息、统计数据等信息的智能推送。

（5）应提供设备数据可视化工具，实现设备数据可视化、异常预警、预测性维护提示

① 名词解释

数据可视化：是指将大型数据以图形图像形式表示，并利用数据分析和开发工具发现其中未知信息的处理过程。借助图形化手段，清晰有效地传达与沟通信息。

② 条款解读

设备管理系统能够根据设备运行状态监测数据，自动触发相关维修任务工单，同时在系统内协调相关维修资源（例如，备件、作业指导、工具及人员准备等）以支持维修任务的完成。开展设备的预测性分析（通过采用大数据分析、基于运行机理的建模等方法），实现设备故障的预判，并根据预判结果开展预见性的维修计划和维修活动。

③ 关键技术

➢ 设备运行状态检查方法。

➢ 设备状态数据获取，分析和处理。

➢ 基于信息系统的设备管理。

➢ 智能设备状态预测和自适应。

④ 能力要点

➢ 实现基于在线状态检测及其数据的分析处理，和维修管理系统关联，实现基于数据的闭环管理。

➢ 实现基于预测的设备管理优化，并实现设备全生命周期管理。

➢ 实现基于智能模型的设备预测和自适应、自学习。

⑤ 平台案例

案例1：忽米 H-IIP 工业互联网平台。

异常预警：通过该平台提供配置管理和告警管理的设备，选择相应的设备类别，配置参数和规则，支持邮件、短信等方式进行通知。

预测性维护：占星者管理云平台能够对电机进行预测性维护，通过5G边缘计算器进行数据采集，通过机器学习进行学习和建模，对设备状态评分。

案例2：CyberSmartAI 工业互联网平台。

该平台构建设备历史监测数据库，基于故障预测机理建模等人工智能技术对监测数据进行实时分析，评估设备的健康状态，预判设备运行趋势，智能制订设备维护和保养计划，实现设备安全预测与生产辅助决策，有效降低设备维护成本，延长设备使用寿命，确保生产过程连续、安全、高效。

（6）应具备设备综合效率统计、设备健康度建模等功能

条款解读：平台支持设备综合效率统计分析，实现设备故障监测预警。

十一、产品运维

1. 定义

产品运维是指在产品使用阶段,通过不断监测、管理和支持产品的运行,确保产品达到预期的性能水平和可靠性,同时提供相应的售后服务和支持。

2. 产品运维的价值

产品运维的价值如下。

➢ 产品运维能够保证产品的稳定性和可靠性。

➢ 产品运维能够提高产品的使用效率和生产效率。

➢ 产品运维能够提供及时的售后服务和支持。

➢ 产品运维能够为企业提供客户洞察和改进产品的机会。

➢ 产品运维能够降低企业运营和维护成本。

3. 标准条款

(1)应支持产品运行状态和产品运行环境数据的汇聚

① 名词解释

产品运行状态数据:是指产品在使用过程中的各种参数和指标,包括产品的性能表现、工作状态、故障情况等。

产品运行环境数据:是指产品在使用过程中所处的环境条件和相关数据,包括温度、湿度、压力、流量等。

② 条款解读

➢ 应支持实时采集产品运行过程中的各种参数和指标,并收集和记录有关产品运行环境的数据。

➢ 产品应具备数据汇聚的能力,能将分散的产品运行数据存储在一个集中的数据库或云平台中。

➢ 产品应有相应的数据处理和分析功能,能够对汇聚的数据进行处理、分析和提取有用的信息。

③ 能力要点

➢ 支持采集和汇聚的产品运行状态数据的种类。

➢ 支持采集和汇聚的产品运行环境数据的种类。

➢ 产品运行状态和运行环境数据采集、汇聚、更新的实时性。

④ 平台案例：旗云工业互联网平台

旗云工业互联网平台通过物联网技术，构建了信息采集数据汇聚模块，实现了设备运行状态和设备运行环境数据的汇聚功能，达到了对设备运行的全面监控和实时分析的效果。该平台可以接入各类传感器和设备，具备强大的数据存储和处理能力，具有可视化展示和报表分析功能，采用严格的数据加密和权限管理机制，确保数据的安全性和隐私保护。旗云工业互联网平台信息采集数据汇聚模块如图5-29所示。

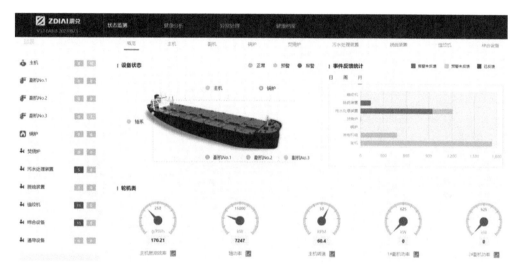

图5-29 旗云工业互联网平台信息采集数据汇聚模块

（2）应支持开发产品健康管理、用户行为分析等模型

① 名词解释

产品健康管理：对产品的运行状态和运行环境进行持续监控、维护和管理，以确保产品的正常运行。

用户行为分析：对用户在使用产品时的行为和偏好进行分析和理解，以便更好地理解用户需求、改进产品功能和提供个性化服务。

② 条款解读

➢ 应支持基于产品的运行状态和运行环境数据，开发产品健康管理模型。
➢ 应通过产品健康管理模型实现产品健康度、性能、状况的监测和管理。
➢ 应支持基于用户使用产品时的行为和偏好数据，开发用户行为分析模型。
➢ 应通过用户行为分析模型实现用户习惯、偏好和需求的分析和预测。

③ 能力要点

➢ 支持的产品健康管理模型的种类和功能。

➢ 支持的用户行为分析模型的种类和功能。

➢ 模型的实时性和准确性。

④ 平台案例：旗云工业互联网平台

旗云工业互联网平台构建了设备健康管理和用户行为分析模块，具备强大的数据分析和建模能力，可以实时采集产品数据，并整合历史数据和其他相关数据，实现了对设备健康状态的实时监测和分析。旗云工业互联网平台设备健康管理和用户行为分析模块如图 5-30 所示。

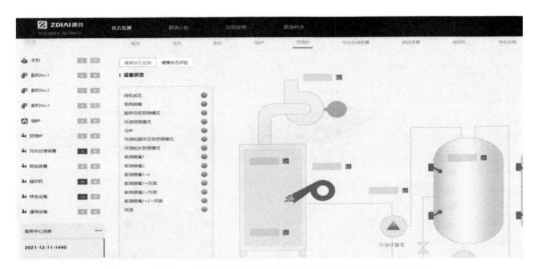

图5-30　旗云工业互联网平台设备健康管理和用户行为分析模块

（3）应支持开发产品远程状态检测、远程故障诊断等工业 App，为用户提供订阅服务

① 条款解读

➢ 应支持开发并提供产品远程状态检测 App。

➢ 应支持开发并提供产品远程故障诊断 App。

➢ 应支持平台在线订阅的方式为用户提供 App 服务。

② 能力要点

➢ 支持产品远程状态检测 App 的功能和性能。

➢ 产品远程故障诊断 App 的功能和性能。

➢ 工业 App 的活跃订阅用户数。

③ 平台案例：旗云工业互联网平台

旗云工业互联网平台构建了产品远程状态检测和远程故障诊断模块，开发了工业 App，为用户提供了订阅服务。通过该模块和工业 App，用户可以远程监测产品的运行状态，实时获取产品的各项指标数据，同时能够进行故障诊断和处理，及时提供故障解决方案,提升产品可靠性和用户满意度。产品远程状态检测和远程故障诊断模块如图5-31所示。

（4）应支持开展售后服务需求预测、服务过程可视化管理、售后问题反馈与追溯、退换货全流程监控与追踪

① 名词解释

售后服务需求预测：通过数据分析和机器学习等技术手段，分析历史数据和各种影响因素，预测未来一段时间内用户的售后服务需求情况，以便做出相应的资源预留和安排，从而提高售后服务的响应速度和效率。

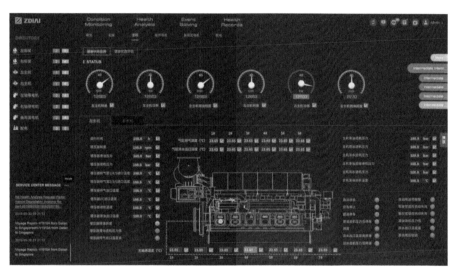

图5-31 产品远程状态检测和远程故障诊断模块

服务过程可视化管理：通过一套系统或工具，将售后服务过程中的服务流程、人员分工、服务进度、服务质量等各个环节、活动和任务进行可视化管理，方便管理者和工作人员了解整个服务过程的状态，及时发现问题和解决问题。

售后问题反馈与追溯：是指用户在使用产品过程中，可以通过App、网页等渠道提交问题反馈，售后服务人员可以跟踪和追溯问题和处理记录，及时解决问题并记录问题处理的过程和结果。

退换货全流程监控与追踪：是指在售后服务中对退换货过程进行全程监控和追踪，从用户提出退换货请求开始，通过系统对退换货的申请、审核、物流、入库、质检等环节进行实时监控和记录，以确保退换货过程的透明度和及时性，为企业的售后服务改进和客户满意度提升提供依据。

② 条款解读

➤ 应提供售后服务需求预测模型，支持未来一段时间内的产品售后服务需求预测。

➢ 应具备服务过程可视化管理功能,支持售后服务过程中各个环节、活动和任务的可视化展示与管理。

➢ 应具备售后问题反馈与追溯功能,支持用户及时反馈产品问题并跟踪追溯问题。

➢ 应具备退换货全流程监控与追踪功能,支持产品退换货过程中的各个环节的实时监控和记录。

③ 能力要点

➢ 售后服务需求预测的准确性。

➢ 服务过程可视化管理的功能。

➢ 售后问题反馈与追溯处理的及时性、准确性。

➢ 退换货全流程监控与追踪的功能。

④ 平台案例:旗云工业互联网平台

旗云工业互联网平台船舶管理系统能够提供全流程的售后服务,包括需求预测、服务可视化管理、问题反馈与追溯,以及退换货监控和追踪等功能,为用户提供了高效、便捷的售后服务解决方案。

(5)宜支持产品运维服务商、零件供应商等相关方的协同联动服务

① 名词解释

协同联动服务:是指不同服务商、供应商之间的合作与协同,共同为客户提供一体化的服务解决方案。在这种合作中,各个服务商、供应商通过信息共享、资源整合和工作流程衔接等方式,实现各自专业领域的协同工作,以提供更全面、更高效的服务。

② 条款解读

➢ 平台宜具备统一开放服务门户或功能模块。

➢ 平台宜支持不同服务商、供应商同时注册和登录。

➢ 平台宜支持不同服务商、供应商之间共享服务信息和资源,支持开展协同联动服务。

③ 能力要点

➢ 平台支持协同服务的服务商、供应商数量。

➢ 平台汇聚整合服务商、供应商的能力。

➢ 运维服务需求响应能力和服务提供的及时性。

④ 平台案例:旗云工业互联网平台

旗云工业互联网平台构建了产品运维服务商、零件供应商等相关方的协同联动服务能力,实现了平台内各方之间的合作与协同服务,包括产品运维服务商、设备零件供应商、船运公司等相关方的合作,为用户提供了全面实时有效的产品运维服务解决

方案。协同联网服务示意如图5-32所示。

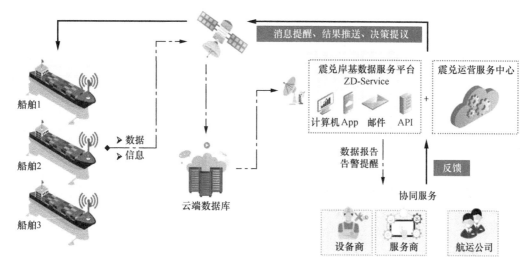

图5-32 协同联网服务示意

（6）宜支持基于AR、VR的远程运维和诊断

① 条款解读

➢ 平台宜具备AR相关组件及场景应用能力。

➢ 宜支持运维人员、专家开展基于AR应用的远程运维和诊断。

➢ 平台宜具备VR相关组件及场景应用能力。

➢ 宜支持运维人员、专家开展基于VR应用的远程运维和诊断。

② 关键技术

AR技术：AR技术可以将虚拟信息与真实环境叠加显示，通过实时图像和数据的投影，提供运维人员所需的相关信息。AR技术可以通过智能手机、平板计算机或智能眼镜等设备实现，为运维人员提供实时的运维指导、故障诊断和维修过程的显示。

VR技术：VR技术可以为运维人员提供沉浸式的虚拟场景，使使用者能够在虚拟环境中进行实时操作和诊断。通过头盔、手柄或全身追踪设备等，运维人员可以与虚拟环境实时互动，模拟真实的运维和维修过程。

③ 能力要点

➢ 平台支持AR、VR情况。

➢ 基于AR、VR的远程运维和诊断的功能。

➢ AR、VR数据传输和交互的实时性。

④ 平台案例：旗云工业互联网平台

旗云工业互联网平台通过工业互联网技术，构建了基于AR、VR的远程运维和诊断模块，运维人员可以远程操作协助和指导诊断，提高了运维效果和效率，降低了运维成本和风险。远程运维和诊断模块如图 5-33 所示。

图5-33 远程运维和诊断模块

十二、客户服务

1. 定义

客户服务是指企业或机构为客户提供满足其需求的过程。它包括对客户问题和需求的高效响应、提供准确和有用的信息、解决客户的问题，以及积极处理客户的投诉和反馈等。

2. 客户服务的价值

对于企业来说，良好的客户服务可以提升客户满意度及忠诚度，建立良好的企业形象、增加交叉销售，以及附加销售机会、反馈和改进机会，赢得优质的口碑和实现品牌推广。

3. 标准条款

（1）应支持开展客户分类管理

客户分类管理是指根据客户的不同属性和需求，将客户进行合理的分类和管理，为客户提供个性化的服务和支持。通过客户分类管理，企业可以更好地了解客户、理解其需求，并为其提供个性化的服务和支持，从而提升客户满意度、忠诚度，提高市场竞争力。

① 条款解读
➢ 应具备客户管理相应的功能模块和工具。
➢ 应支持根据客户类型、客户喜好、客户画像等信息对客户进行分类和管理。
② 平台案例：风险大数据管控平台

东方宇阳为中粮集团开发了风险大数据管控平台。该平台通过数据分析和分类算法，为中粮集团锁定了两种重要客户分类，即中粮集团前 30 名大客户及风控黑名单客户。前者有助于中粮集团锁定大客户,并为其提供更为细致的服务,后者则将那些高风险的客户分离出来,让中粮集团能够尽早识别风险,避免遭受损失。

(2)应支持开展在线客户服务

在线客户服务:是指通过互联网和数字技术,为客户提供即时、便捷的线上服务和支持。通过实时沟通、延长服务时间、提高工作效率、多渠道支持、个性化和定制化、增加数据分析和改进机会等优势,为客户提供更好的服务体验,同时也为企业提供更多的发展和创新机遇。

① 条款解读

➢ 应具备相应的线上客户服务功能模块和工具,例如,平台网站、移动 App 等。
➢ 应支持开展在线咨询、技术支持、在线售后、在线投诉和反馈等服务。
➢ 应支持客户通过注册、登录、订阅、线上聊天等方式获取服务。

② 能力要点

➢ 支持在线客户服务功能的便捷性和多样性。
➢ 支持客户获取在线服务渠道的多样性。
➢ 对客户需求、问题等的快速响应能力。
➢ 在线客户服务的专业性和满意度。

③ 平台案例:东方宇阳智慧矿山平台

东方宇阳智慧矿山平台构建了在线客服模块,提高了工作效率和客户满意度,如图 5-34 所示。通过聊天机器人和实时消息传送技术,客户可以使用自助服务的功能,例如,常见问题的自动回复、智能搜索、知识库等,客户可以在不需要等待客服人员的情况下,自行获取所需的信息和帮助。

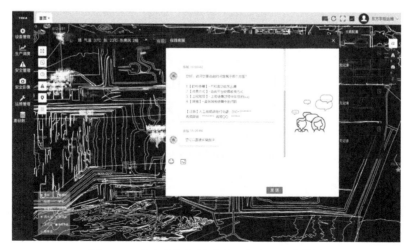

图5-34 东方宇阳智慧矿山平台在线客服模块

(3)应具备客户订单识别能力,能够联动展示客户历史投诉、物流状态等数据

客户订单识别能力是在线客服系统的一个重要功能,通过文本识别、自然语言处理、图像识别、数据匹配和查询等技术手段,实现对客户订单的识别、分类和处理,提升客户服务的质量和效率。

① 条款解读
➢ 平台或在线客服系统应具备客户订单识别能力。
➢ 应支持客户订单、历史投诉、物流状态等数据的采集和汇聚。
➢ 应支持客户订单数据的关联分析和可视化能力,帮助客服人员准确获取订单信息。

② 平台案例:东方宇阳智慧粮厂平台

东方宇阳为中粮集团开发了智慧粮厂平台,如图5-35所示。该平台采用自动化技术,能够快速、准确地处理大量订单数据,从而有效提高订单处理效率,减少人员工作量;使用先进的模式识别和机器学习算法,能够准确地识别和提取订单中的关键信息,例如,订单号、产品名称、数量、价格等,从而避免因人工操作导致的失误。

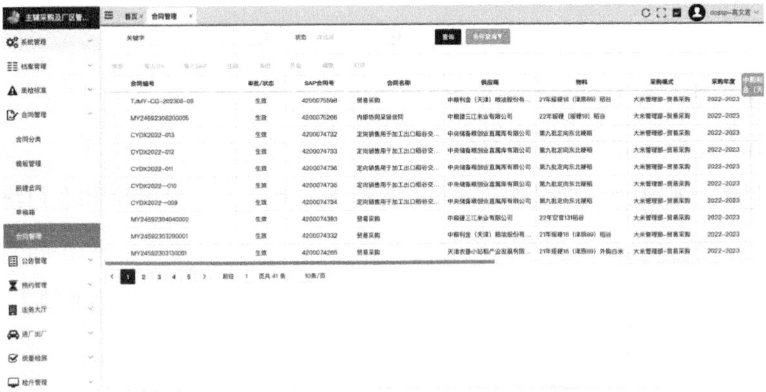

图5-35 智慧粮厂平台

(4)应支持开展用户使用信息、产品运行信息、服务商服务信息的共享

用户使用信息是指用户使用平台过程中的注册信息、个人资料、操作日志、支付信息、设备信息、位置信息,以及反馈信息和评价信息等内容。平台应明确向用户说明信息收集的目的和方式,并尊重用户的权利。

产品运行信息是指产品在运行过程中产生的数据和日志信息,这些信息可以用于监测和分析产品的功能性、稳定性和安全性,以及优化产品的设计和功能。产品运行信息对于产品的运营和优化具有重要意义,可以帮助开发团队快速定位和解决问题,提高产品的性能和用户体验。

服务商服务信息是指在平台上的运营服务商提供的服务详细说明和相关信息,这些

信息可帮助用户了解服务商在平台上提供的服务、运作模式、交易流程等。通过提供清晰、详细和可信的服务信息，服务商能够吸引用户，增加用户对平台的信任度，促进用户选择、交易和合作的顺利进行。

① 条款解读

➢ 应支持用户共享他们所使用的信息，例如，平台上的消费记录、个人偏好等。

➢ 应支持服务商共享其产品的运行信息，例如，交易数据、运营指标等。

➢ 应支持服务商共享他们在平台上提供的服务的相关信息，例如，服务种类、服务内容、服务质量等。

➢ 应支持用户使用信息、产品运行信息、服务商服务信息的联动共享。

② 平台案例：东方宇阳物联网平台

东方宇阳物联网平台通过数据标准化和结构化，以及数据接口和集成等技术，为用户提供平台用户、产品及服务商信息等多项信息共享。同时，该平台提供了可视化界面，用户、服务商可以方便地从平台获取自己想要的信息。

（5）宜支持开展服务能力交易

服务能力交易是指平台提供一定的服务能力，供其他用户或企业购买和使用的一种商业模式。在平台服务能力交易过程中，平台作为服务提供者，将自身的专业知识、技术能力、资源等进行整合和提炼，以可交易的形式向其他用户或企业出售。通过服务能力交易，平台可以将自身的服务能力进行商业化运作，实现服务的价值变现，并提高平台的盈利能力和市场竞争力。

① 条款解读

➢ 宜具备服务能力交易功能模块。

➢ 宜支持将平台服务能力封装成组件、模块、应用等对外进行交易。

➢ 宜支持平台使用方封装自身服务的能力。

➢ 宜支持基于平台的服务能力供需对接和交易。

② 能力要点

➢ 提供服务能力交易的功能。

➢ 服务能力的管理能力。

➢ 服务能力交易的安全性。

（6）宜支持客户服务流程自定义

客户服务流程自定义是指根据企业的具体需求和客户服务目标进行服务流程的设计和优化，即制定一个基本的客户服务流程框架，该框架可以根据实际情况进行调整和定制。通过自定义客户服务流程，企业可以根据自身实际情况和客户需求，提供更加个性化、高质量的客户服务。

① 条款解读

➢ 宜具备客服服务流程自定义和管理功能。

➢ 宜支持根据客户需求进行灵活、个性化、定制化的服务流程设计。

➢ 宜支持根据需求变化动态调整和扩展服务流程。

② 能力要点

➢ 客户需求的响应能力。

➢ 服务流程设计的便捷性、灵活性。

➢ 服务流程的可调性、扩展性。

③ 平台案例：东方宇阳物联网平台

东方宇阳物联网平台包含自主研发的工作流配置模块，支持以工作流配置的方式自定义客户服务流程。工作流引擎采用可视化编辑，提供串行、并行、多分支、嵌套等多种形式的流程设计，并支持流程版本控制、消息提醒、审批记录、流程流转事件，帮助开发人员设计出专业的流程功能，如图 5-36 所示。

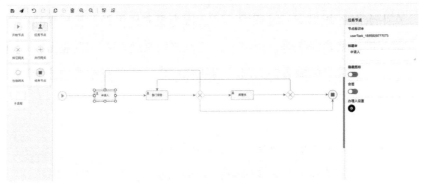

图5-36 工作流引擎

（7）宜支持智能客服、数字人、客服质检

数字人是一种利用人工智能、虚拟现实和增强现实等技术制作的人类形象的虚拟代表。数字人具备人类的外貌、语音、行为和情感表达能力，可以与人类进行自然和逼真的交流，其发展将进一步拓宽人机交互方式，为人类提供更加直观和多样化的体验。

客服质检是指针对客服人员的服务质量进行评估和监控的过程。通过客服质检，企业可以检测和识别客服人员在与客户沟通过程中是否符合企业培训的标准和要求，增加了对客服人员改进工作和培训的机会。客服质检可以帮助企业监控和提升客服团队的整体服务质量，提高客户的满意度和忠诚度。

条款解读如下。

> 宜提供智能客服服务。
> 宜具备数字人应用环境并提供数字人服务。
> 宜支持对客户服务质量进行监测、评估、优化。

十三、组织管理

1. 定义

组织管理是指对企业或组织内部的结构、人员和资源进行有效规划、组织、协调和控制的过程。它涵盖了一系列策略、方法和实践,以确保企业能够高效运作、实现业务目标,并适应外部环境的变化。

2. 组织管理的价值

组织管理可以帮助企业优化工作流程,更好地配置和利用资源,减少重复劳动和资源浪费,提高企业的运营效率和盈利能力,同时支撑企业管理层的经营决策。

3. 标准条款

(1) 应支持组织架构、人员信息的自定义配置

组织架构是指企业或组织内部各个部门、职位和人员之间的层级结构和逻辑关系,即企业或组织内部的组织形式和组织关系的图解表示。

① 条款解读

> 应具备组织架构、人员信息管理模块。
> 平台支持用户根据企业的组织架构和业务需求,自定义设计和调整组织架构。例如,添加、编辑或删除部门、子部门和职位,调整不同部门之间的层级关系。
> 用户可以根据企业人员的实际情况,自定义员工信息的字段和属性。

② 能力要点

> 是否具备组织架构、人员信息管理模块。
> 支持用户根据特定需求进行自定义配置组织信息的功能。
> 用户自定义配置组织信息的便捷性、可操作性。

③ 平台案例

案例1:大唐DTiip工业互联网平台。

大唐DTiip工业互联网平台通过数据集成、图形化配置等技术,构建了组织架构管理模块,如图5-37所示。该模块采用图形化配置工具,使用户可以通过简单的拖拽和设

置来设计和调整组织架构，降低了配置门槛，提升了用户体验。

图5-37　大唐互联组织架构管理模块

案例2：大唐DTiip工业互联网平台。

通过数据字段自定义技术，构建了人员信息自定义配置模块，如图5-38所示。该模块实现了企业根据需求自由设置员工信息字段、属性，可以添加新字段、删除现有字段，还可以灵活调整员工信息的录入界面。

图5-38　大唐互联信息分类界面

（2）应支持人员信息汇聚展示、岗位匹配度分析、人员考勤和薪资核算等

岗位匹配度分析：是指对员工的能力和技能与特定岗位要求之间的匹配程度进行评估和分析的过程。它是人力资源管理中的一项重要工具，可用于判断员工是否适合担任某个岗位，能够帮助企业更好地进行人才选拔、岗位匹配和人才培养。

薪资核算：是指对员工的工资和薪酬进行计算、核对和确认的过程，涉及计算和处理员工的工资、奖金、津贴、福利等各项报酬。

① 条款解读
- 平台应支持从不同来源和系统采集和汇聚员工信息，并在统一的界面进行展示。
- 平台应具备岗位匹配度分析模型，支持对员工与岗位的匹配程度进行评估和分析。
- 平台应支持对员工的考勤情况进行记录、管理和分析。
- 平台应支持对员工的工资和薪酬进行计算、核对和确认。

② 能力要点
- 支持人员信息采集和汇聚的全面性，以及人员信息的可读性、可视性。
- 岗位匹配度分析模型的性能和效果。
- 人员考勤模块的功能。
- 人员薪资核算模块的功能。

③ 平台案例：大唐 DTiip 工业互联网平台

大唐 DTiip 工业互联网平台采用数据集成技术和数据可视化技术，构建了员工信息汇聚展示模块，如图 5-39 所示。该模块实现了以直观、易读的方式展示员工信息，用户能够实时了解员工情况，提高管理效率和决策能力。

图5-39 大唐互联员工信息汇聚展示模块

大唐 DTiip 工业互联网平台通过数据分析技术和人才匹配算法，构建了岗位匹配度分析模块，如图 5-40 所示。该模块通过多维度评估算法模型实现了对员工的技能、经验、绩效等因素与特定岗位的要求进行对比和匹配，能够全面评估员工的业务能力和适应能力。

图5-40 大唐互联岗位匹配度分析模块

（3）应支持业务流程的设计、执行、监控、优化

① 条款解读

➢ 应具备业务流程设计功能，支持规划和设计企业或组织内部的各项业务活动。

➢ 应具备业务流程执行功能，支持根据设计好的业务流程或步骤执行业务活动。

➢ 应具备业务流程监控功能，支持对业务流程的实际执行情况进行实时监测和评估。

➢ 应具备业务流程优化功能，支持对现有业务流程进行分析和改进，以提高效率、降低成本、减少资源浪费，并使流程更加适应实际需求和市场变化。

② 平台案例：大唐DTiip工业互联网平台

大唐DTiip工业互联网平台通过流程建模技术、工作流引擎技术和实时监控技术，构建了业务流程的设计、执行模块，如图5-41所示。该模块采用图形化界面，让用户通过拖拽和连接图标来设计业务流程，简化流程建模过程。工作流引擎能够自动触发任务并按照流程图定义执行，减少人工干预，提高执行效率。

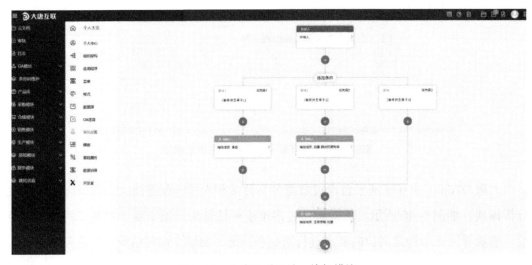

图5-41 大唐互联设计、执行模块

（4）应支持协同办公，具备社交沟通、任务协同、知识管理等功能

① 条款解读

➢ 平台应具备协同办公功能模块。

➢ 应支持企业员工及外部人员在平台上开展实时交流、分享信息、协商决策等活动。

➢ 应支持企业员工及外部人员在平台上开展任务分配、协同工作等活动。

➢ 应具备对知识的沉淀、整理、存储、分享等管理功能。

② 关键技术

社交沟通技术：采用实时聊天、讨论组等通信技术，实现员工之间的快速交流与信息共享。

任务协同技术：引入任务分配和进度跟踪机制技术，确保团队成员高效协作，完成任务。

知识管理技术：搭建知识库和文档管理系统，方便整理、存储、查找与分享企业内部的业务知识和经验。

③ 平台案例：大唐 DTiip 工业互联网平台

大唐 DTiip 工业互联网平台通过任务协同技术和知识管理技术，构建了协同办公模块，如图 5-42 所示。该模块实现了员工间的实时沟通、任务分配与追踪，以及知识共享，有效促进了团队间的高效协作，加强了信息共享与知识传递，提高了工作效率和整体协同能力。

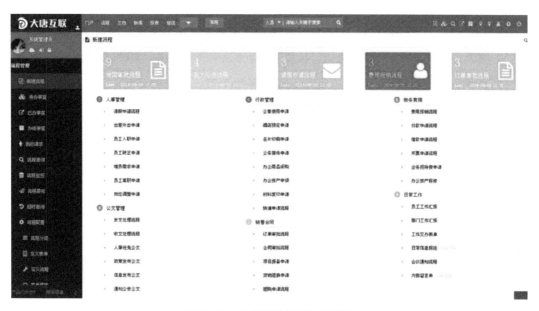

图5-42　大唐互联协同办公模块

十四、财务管理

1. 定义

财务管理是指在一定的整体目标下,企业对资产的购置(投资)、资本的融通(筹资)和经营中的现金流量(营运资金),以及利润分配的管理。

2. 财务管理的价值

财务管理是企业内部各种管理关系的交叉点和枢纽,企业的一切经营活动都是通过财务报表反映的。有效的财务管理能够确保企业有效经营、提高竞争力、改善企业估值、优化财务报表、优化企业流动资金管理等。

3. 标准条款

(1)应具备财务预算分析服务,包括预算相关数据的收集、预算模型构建、预算数据分析等

① 名词解释

预算模型:基于对业务模式和财务知识的理解,通过企业的历史财务和经营数据,以及对未来业务的合理假设,利用统计分析、机器学习等对企业未来或新业务的经营情况和财务状况做出预测、分析的模型。

② 条款解读

➢ 应具备财务预算分析功能模块。

➢ 应支持采集资金流、资产负债、成本、利润等相关财务数据。

➢ 应具备应用大数据、统计分析、机器学习等方法对历史数据、实时预算数据进行建模。

➢ 应提供营收、成本、利润、折旧、管理等财务预测、分析模型。

➢ 应支持对财务预算模型进行分类管理和维护。

③ 能力要点

➢ 支持采集财务预算数据的种类和数量。

➢ 支持的财务预算模型的种类和数量。

➢ 通过财务预算模型开展预算数据分析的准确性。

(2)应具备成本控制服务,包括生产和经营成本数据汇聚、溯源分析、成本分析模型构建等

① 名词解释

成本控制:是指保证成本在预算估计范围内的工作。根据估算对实际成本进行检测,

标记实际或潜在偏差，进行预测准备并给出保持成本与目标相符的一种措施。

② 条款解读

➢ 应具备成本控制功能模块。

➢ 应具备对生产经营成本数据进行采集处理的能力。

➢ 应具备对成本来源路径进行还原，对成本数据进行追溯的能力。

➢ 应提供成本分析相关模型。

➢ 应支持对成本分析模型进行分类管理和维护。

③ 能力要点

➢ 支持采集的生产和经营成本数据的种类和数量。

➢ 成本数据溯源分析的准确性。

➢ 支持的成本分析模型的种类和数量。

➢ 成本分析模型的准确性和可调性。

（3）应具备会计支持服务，包括会计数据汇聚、自动核算、会计记账规范自动比对等

① 条款解读

➢ 应具备会计支持功能模块。

➢ 应具备对会计数据进行采集处理的能力。

➢ 应提供会计自动核算模型。

➢ 应具备记账规范标准，支持会计记账规范的在线查阅和数据比对。

② 能力要点

➢ 支持采集的会计数据的种类和数量。

➢ 会计数据自动核算的效率和准确性。

➢ 会计记账规范标准的种类和数量。

➢ 会计记账规范比对的效率和准确性。

（4）应具备投融资管理服务，包括投融资数据汇聚、投融资模型构建等

① 条款解读

➢ 应具备投融资管理功能模块。

➢ 应具备对投融资数据进行采集处理的能力。

➢ 应提供投融资分析模型。

➢ 应支持对投融资模型进行分类管理和维护。

② 能力要点

➢ 支持采集的投融资数据的种类和数量。

➢ 支持的投融资分析模型的种类和数量。

➢ 投融资分析模型的性能。

（5）应具备资产管理服务，包括资产数据汇聚、资产入库记录、资产流转追溯、资产运维与处置管理等

① 条款解读

➢ 应具备资产管理功能模块。

➢ 应具备对资产数据进行采集处理的能力。

➢ 应具备资产库系统对资产进行统一管理的能力。

➢ 应具备资产流转的路径记录、节点追溯的能力。

➢ 应具备资产运维与处置管理的相关功能。

② 能力要点

➢ 支持采集的资产数据的种类和数量。

➢ 资产库具备的资产管理功能种类。

➢ 资产流转追溯的效率和准确性。

➢ 资产运维与处置的时效性和准确性。

十五、能源管理

1. 定义

能源管理是对能源的生产、分配、转换和消耗的全过程进行科学的计划、组织、检查、控制和监督工作的总称。

2. 能源管理的价值

能源管理在帮助工业生产企业扩大生产的同时，合理计划和利用能源，降低单位产品能源消耗，提高经济效益。

3. 标准条款

（1）应支持水、电、气、液等能源数据采集

① 条款解读

➢ 平台能够支持主要能源介质在重点耗能区域实现监控。

➢ 平台能够支持追踪耗能月度计划完成情况。

② 关键技术

➢ 电、气、热等供能设施。

➢ 能源计量设备。

➢ 企业信息系统。

➢ 无线传感器网络技术：部署传感器节点，实现对能源设备的实时监测和数据传输。

➢ 边缘计算技术：将数据采集和处理功能部署在能源设备附近，提高数据采集效率和实时性。

➢ 物联网技术：通过物联网设备，实现对能源设备的远程控制和数据采集。

➢ 云计算技术：通过云计算平台，实现对大量能源数据的存储、处理和分析，提供智能化的能源管理解决方案。

③ 能力要点

➢ 支持多种能源类型的数据采集，包括水、电、气等。

➢ 支持多种设备类型的数据采集，包括智能电表、智能水表等。

➢ 支持实时数据采集，确保数据的准确性和时效性。

➢ 支持多种通信协议的数据采集，包括 MQTT、HTTP 等，以满足不同设备和应用场景的需求。

④ 平台案例：AcrelCloud-5000 能耗管理云平台

AcrelCloud-5000 能耗管理云平台采用泛在物联、云计算、大数据、移动通信、智能传感等技术，可为用户提供能源数据采集，如图 5-43 所示。采集计量分类分项的能耗数据（例如，电量、水量、燃气量集中供冷量、集中供热量，以及其他能耗）。

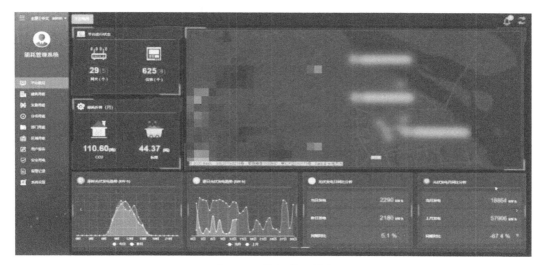

图5-43 能耗管理系统

（2）应具备能耗数据汇聚、可视化展示服务

① 标准解读

➢ 提供实时数据展示：展示能源消耗情况和设备状态。

➢ 提供历史数据展示：展示能源消耗历史记录和趋势分析。

➢ 提供可视化图表展示：通过图表形式展示能源数据，例如，柱状图、折线图等。

➢ 提供多维度数据展示：展示不同维度的能源数据，例如，地区、时间、设备类型等。

② 关键技术

➢ 实时采集：通过传感器、监控设备等实时采集能源数据。

➢ 数据清洗：对采集的数据进行清洗和预处理，去除异常值和噪声。

➢ 数据存储：将采集的数据存储到数据库或云端存储平台。

➢ 数据分析：利用数据挖掘、机器学习等技术对能源数据进行分析和挖掘。

➢ 数据可视化：通过图表、仪表盘等形式将分析结果进行展示，便于用户理解和使用。

③ 能力要点

➢ 实时反映能源消耗情况，便于企业管理者及时调整能源使用策略。

➢ 提供详细的能源消耗数据，帮助企业分析能源使用效率，降低能源成本。

➢ 通过可视化图表展示数据，使企业管理者更容易理解和掌握能源消耗情况，提高决策效率。

➢ 为能源管理提供可靠的数据支持，帮助企业实现能源管理的精细化和智能化。

④ 平台案例：海尔卡奥斯能源管理服务云平台

海尔卡奥斯能源管理服务云平台如图5-44所示。

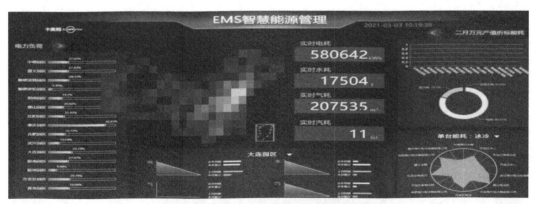

图5-44　海尔卡奥斯能源管理服务云平台

（3）应具备能源运行状况实时监测服务

① 条款解读

➢ 支持能源介质的生产、输送、消耗环节通过平台进行监测和预警。

➢ 支持对耗能和产能装置运行提供重点区域的调度优化和操作监控，并形成优化操作方案。

② 关键技术

➢ 利用物联网技术实现设备的实时监测。

➢ 采用大数据技术对监测数据进行分析和处理。

➢ 利用人工智能技术对监测数据进行智能化分析和预测。

➢ 采用云计算技术实现监测数据的存储和处理。

③ 平台案例：Acrel-EIoT 能源物联网云平台

Acrel-EIoT 能源物联网云平台电力集抄模块显示或查询供配电室内各设备运行情况（包括历史和实时参数），并根据实际情况进行日报、月报和年报查询，如图5-45所示。实现供配电监控系统的遥测、遥信、遥控，对系统进行综合检测和统一管理。

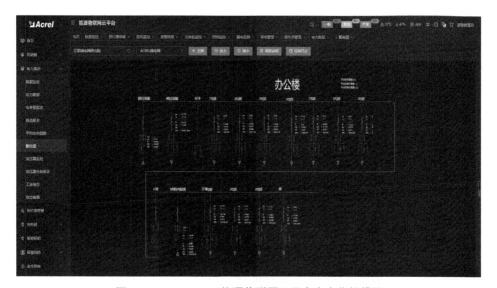

图5-45 Acrel-EIoT能源物联网云平台电力集抄模块

（4）应支持开展能源运输、转化效率分析，以及能源消耗的同比、环比统计

① 名词解释

转化效率：一定时期内，能源经过加工、转化后，产出的各种能源产品的数量与同期投入加工转换的各种能源数量的比率。

同比：一般情况下是本年第 n 月的量与过去某年的第 n 月的量的对比。

环比：表示连续2个统计周期（例如连续两月）内的量的变化比。

② 条款解读

对能源输送、存储、转化、使用等各环节进行全面监控，进行统计与分析、能源使用和生产活动相匹配，从而实现能源调度。

③ 关键技术

能源设备管控、能源数据采集与共享。

④ 能力要点

➢ 主要设备数据采集。

➢ 能源全过程监控和调度。

➢ 能源设备数据分析、共享和优化。

⑤ 平台案例

案例1：大唐智能运维管理平台。

大唐智能运维管理平台如图5-46所示。

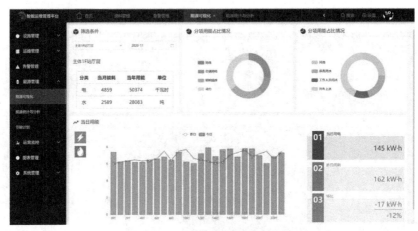

图5-46　大唐智能运维管理平台

案例2：AcrelCloud-5000能耗管理云平台。

AcrelCloud-5000能耗管理云平台提供能耗分析报告功能，从多个维度统计分析用户能耗使用情况。能耗分析报告可以提供同环比分析、复费率电量、电费分析、能耗排名分析和报警情况统计等功能，如图5-47所示。

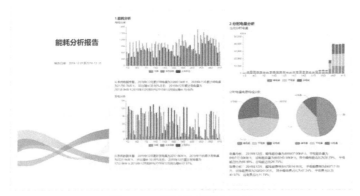

图5-47　能耗分析报告示例

（5）应支持开展能源平衡管理、能源效率优化

① 名词解释

➢ 能源平衡管理的目标：确保能源的有效利用，降低能源消耗，提高能源利用效率。

➢ 能源平衡管理的方法：通过监测和分析能源消耗数据，优化能源使用策略，降低能源浪费。

② 条款解读

平台提供关于能源平衡管理、能源效率优化的算法、模型及工业 App。

③ 能力要点

➢ 提高能源利用效率：减少能源浪费。

➢ 优化能源分配：合理分配能源，实现能源的优化利用。

➢ 提高设备运行效率：通过设备维护和管理，提高设备运行效率。

➢ 降低能源成本：通过技术改进和管理优化，降低能源成本。

➢ 通过平台构建精细化能效优化解决方案，实现源头减碳。

➢ 通过平台实现生产制造全环节的能耗管控，降低能耗成本。

④ 平台案例：Acrel-EIoT 能源物联网云平台

Acrel-EIoT 能源物联网云平台能耗分析模块实现从能源数据采集、过程监控、能源介质消耗分析、能耗管理等全过程的自动化、科学化管理，如图 5-48 所示。构建能源效率优化模型，实现离线生产分析与管理，实现全厂能源系统的统一调度，优化能源介质平衡、有效利用能源，提高能源质量。

图5-48　Acrel-EIoT能源物联网平台能耗分析模块

（6）应支持制定能源调度方案

① 条款解读

平台采集能源统计数据，进行数据和指标分析并形成节能降耗方案。

② 能力要点

对企业的生产、输配和消耗环节实行动态监控和数据化管理，监测企业的电、水、燃气、蒸汽及压缩空气等各类能源的消耗情况，通过数据分析、挖掘，帮助企业针对各种能源需求及实际用能情况、产品能源单耗、工序能耗和重点设备用能等进行能耗统计、同环比分析、能源成本分析、用能预测和碳排分析，为企业加强能源管理、提高能源利用效率、挖掘节能潜力、节能评估和能源审计提供基础数据。

③ 平台案例：能耗管理系统

针对能源消耗量大的设备进行单独监控，例如针对中央空调，能耗管理系统不仅可以监视中央空调各部分的运行参数，还可以针对中央空调的运行效率计算能效，并将能效值与能效标准进行对比，从而反映出中央空调的真实能效状态，提供节能改造前后中央空调能效对比，从而验证改造是否有效。能耗管理系统示意如图5-49所示。

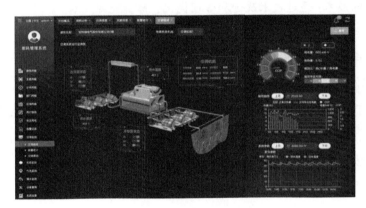

图5-49　能耗管理系统示意

十六、安全管控

1. 定义

安全管控是指对安全生产工作进行的管理和控制，即安全生产管理。

2. 安全管控的价值

安全管控的核心价值就是降低制造业的生产安全风险，消除隐患，预防事故的发生。

3. 标准条款

（1）应支持安全生产标准化业务流程构建

① 名词解释

安全生产标准化：企业通过落实安全生产主体责任，全员全过程参与，建立并保持安全生产管理体系，全面管控生产经营活动各环节的安全生产与职业卫生工作，实现安全健康管理系统化、岗位操作行为规范化、设备设施本质安全化和作业环境器具定制化，并持续改进。

② 条款解读

➢ 应支持安全生产标准化业务流程构建。

➢ 应包含目标职责、制度管理、教育培训、现场管理、安全风险管控及隐患排查治理、应急管理、事故管理和持续改进等核心管理要素，并运用安全科学理论，构建企业的核心安全管理体系。

➢ 宜面向行业特色或国际化管理需求，形成广泛兼容和可拓展的安全生产标准化体系模块。

③ 平台案例：欧依安盾安全智能化管控平台

欧依安盾安全智能化管控平台是用于安全管理业务的流程化处理和数据存储、分析的支撑平台，通过工作流引擎实现不同用户之间工作任务审批流程，完整地实现了安全生产标准化要求的各要素模块的管理内容。

技术优势：该平台聚焦电力、化工和冶金等行业安全管理的要求和特点，将不同行业安全生产标准化的业务内容要求充分融入系统设计，实现了系统业务流程的准确构建。

欧依安盾安全管控信息化平台示意如图5-50所示。

图5-50　欧依安盾安全智能化管控平台示意

（2）应支持汇聚人员定位系统、危险区域摄像监控系统、巡检机器人、高危设备等实时数据

① 名词解释

数据汇聚：数据汇聚是将不同的业务系统的数据加载到数据仓库中。按照数据汇聚的传输方式进行分类，可以分为文件传输、数据抽取、内容抓取和消息推送等方式。

人员定位系统：利用计算机及网络技术、物联网技术、通信技术和位置采集技术等技术实现对现场作业人员进行实时定位、追踪和报警等功能的数字化系统。

巡检机器人：巡检机器人是特种机器人（专业服务机器人）的一种，一般基于感知、认知（或者决策）和执行3个核心要素，在某种特定环境（例如，高危、艰苦和人工作业有短板）进行智能化巡检的应用型机器人。

② 条款解读

➢ 系统应支持人员定位系统、危险区域的摄像监控系统、巡检机器人、高危设备等数据采集终端的数据汇聚，实现数据的融合处理与展示。

➢ 系统应保证不同终端汇聚的数据质量可靠、准确和安全。

➢ 系统针对不同终端汇聚的数据，应满足符合业务场景特点的数据规范要求。

③ 关键技术

数据汇聚技术：对不同的业务数据类型、业务系统技术架构，设计不同的数据采集策略、数据同步规范、数据质量控制规范和数据存储方案等，实现业务数据、应用系统数据的集成汇聚。

④ 平台案例

案例1：欧依安盾安全智能化管控平台。

欧依安盾安全智能化管控平台能够实现人员定位数据、巡检数据、设备集散式控制系统（Distributed Control System，DCS）数据和视频监控数据等实时采集汇聚。

技术优势：该平台以3D厂区数字地图为基础，实现了安全管控关键数据的实时汇聚处理，能够集中展示企业全部安全风险控制点、安全风险评价、厂内全部危险区域、危险作业人员分布位置、危险作业类型、厂区人数实时数据和各重大危险源实时状态等内容。

案例2：欧依安盾核电安全巡检平台。

欧依安盾核电安全巡检平台实现了巡检管理、信息查询、实时交互和多终端数据采集等功能，满足了运行、安质、维修和设备管理等处室的智能巡检项目功能需求，形成了统一的数据接入规范，能够处理不同部门、不同数据采集终端的巡检数据。

技术优势：欧依安盾核电安全巡检平台项目充分融合了5G定位、音/视频压缩和人工智能技术，结合数据治理技术，实现了对核电巡检数据的规范化管理，提升了巡检效率，降低了成本和员工的工作强度。欧依安盾智能巡检门户集成网站示意如图5-51所示。

案例3：欧依安盾智能机器人巡检系统。

欧依安盾智能机器人巡检系统能够更好地保证机组安全应用于某核电站某工艺运行参数的巡检，可以实时监测，避免错过偶发缺陷的识别和错过最佳干预时间，保证机组稳定运行。项目实施内容主要包括移动式多源数据采集终端（包括智能巡检机器人、挂轨巡检机器人)、固定式数据采集前端(包括球机、枪机),以及配套供电、通信、后台系统的布置。欧依安盾智能机器人巡检系统示意如图 5-52 所示。

(a) 智能巡检门户集成网站示意

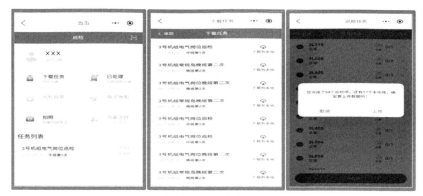

(b) 智能巡检移动端示意

图 5-51　欧依安盾核电安全巡检平台

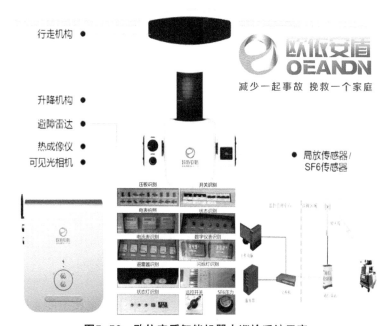

图 5-52　欧依安盾智能机器人巡检系统示意

案例4：欧依安盾物联网监测预警平台。

欧依安盾物联网监测预警平台能够实时监测重要区域的重点设备的关键参数，对超出上下限值的参数进行弹窗预警。特别对于危化企业，该平台可监测危化企业构成重大危险源的危险化学品存储设施及生产装置实时数据和预警、可燃有毒气体数据及预警、危险化工工艺安全参数检测预警和监控视频等信息。欧依安盾物联网监测预警平台示意如图5-53所示。

图5-53 欧依安盾物联网监测预警平台示意

（3）应支持基于多模态安全信息融合

① 名词解释

多模态安全信息融合：多模态融合是指机器从文本、图像、语音和视频等多个领域获取安全管理相关信息，实现信息转换和融合，从而提升模型性能的技术。

② 条款解读

➢ 应具备多模态安全信息的识别能力。

➢ 应具备多模态安全信息的处理能力。

➢ 应具备对多模态安全信息进行重新组合与信息融合的能力。

③ 关键技术

多模态融合技术：多模态融合技术是指将来自不同传感器、不同模态的信息进行整合和融合的技术。这些传感器可以是视觉传感器、听觉传感器和触觉传感器等，而不同的模态可以是图像、声音和触感等。

（4）应支持实时安全态势感知、报警、记录

① 名词解释

安全态势：安全态势可表征系统当前安全状态与未来安全状态的发展趋势。安全态势感知是通过对安全生产管理相关数据的采集、分析和处理，实现对系统安全态势的准

确评估描述。

② 条款解读

➢ 系统应具备安全态势感知能力，拥有成熟的安全态势感知模型，实现对系统安全态势的分类分级刻画。

➢ 系统应具备对安全态势数据的采集功能，并划定报警阈值，实现报警与记录。

③ 关键技术

安全态势感知技术：安全态势感知技术框架主要包括前端数据源、核心组件和其他要素这3个部分。在业务领域，主要涵盖对人的不安全行为的态势感知、物的不安全状态的态势感知、环境缺陷的态势感知和管理缺陷态势感知等内容。

④ 平台案例：欧依安盾安全智能化管控平台

欧依安盾安全智能化管控平台通过风险分类分级、危险作业管控等措施，实现对工作环境风险控制点的智能化管理和对全厂安全态势的实时感知监测。

技术优势：欧依安盾安全智能化管控平台充分运用了人员定位技术的优势，设置电子围栏，当员工按下定位标签卡上的SOS按钮，监控台能够接收到报警信息，并在平台弹出预警，预警信息包含报警人员的姓名及位置信息，实现对人员的安全态势感知，通过接入DCS数据，实现对设备的安全态势实时感知。

（5）应具备安全隐患和应急资源登记、安全风险建模评估功能

① 名词解释

安全隐患：未辨识出的风险，或风险没有得到有效控制，超出人们对风险可接受水平的一种状态，包括人的不安全行为、物的不安全状态和管理缺陷等。

安全风险：影响并导致安全生产事故发生的各类要素的集合，用于预测可能发生的事故并进行过程化、场景化描述，采用事故后果与概率之组合进行量化和分级。

风险评估：包括风险辨识、风险分析和风险评价。开展安全生产风险辨识，分析可能发生的生产安全事故类型，评估危害后果，做到安全生产风险辨识全面深入分析、评价科学、分级准确、预防和应对措施有效。能够对发生的生产安全事故开展模型与情景构建，明确应急程序、优化应急预案、指导应急演练，提高应急准备工作的针对性。

② 条款解读

➢ 应具备安全隐患台账管理功能。

➢ 应具备应急资源台账管理功能。

➢ 应能够对安全风险进行建模评估，实现对安全风险的定量评价与管控。

③ 关键技术

网络安全风险评估技术：依据有关信息安全技术和管理标准，对网络系统的保密性、

完整性、可控性和可用性等安全属性进行科学评价的过程。

④ 平台案例：欧依安盾安全智能化管控平台

欧依安盾安全智能化管控平台能够划分安全风险分析单元，辨识评估安全风险，绘制安全风险空间分布图，制定管控措施，实施分级管控，形成风险库和隐患库，实现对风险、隐患和应急资源的台账管理。

技术优势：该平台规范企业危险源辨识和风险评估流程；全面梳理工厂区域设备、作业活动清单；内置 LEC[1]、风险矩阵分析法和风险程度分析法等评估方法；风险辨识流程清晰、过程记录详细；风险分级管控台账责任人明确到位；系统自动跟催责任人评估风险措施的有效性。

（6）应支持应急预案制定与演练

① 名词解释

应急预案：生产经营单位应急预案分为综合应急预案、专项应急预案和现场处置方案。综合应急预案是指生产经营单位为应对各种生产安全事故而制定的综合性工作方案，是该单位应对生产安全事故的总体工作程序、措施和应急预案体系的总纲；专项应急预案是指生产经营单位为应对某一种或者多种类型生产安全事故，或者针对重要生产设施、重大危险源、重大活动防止生产安全事故而制定的专项性工作方案；现场处置方案是指生产经营单位根据不同的生产安全事故类型，针对具体场所、装置或者设施所制定的应急处置措施。

② 条款解读

➢ 系统应具备应急预案的制定功能，能够对应急预案进行集中管理。

➢ 系统应能够支持应急演练，应面向不同的演练目的，结合不同的演练工作原则，结合应急预案内容，指导用户开展应急演练工作。

③ 平台案例：欧依安盾安全智能化管控平台

欧依安盾安全智能化管控平台支持应急演练的全流程管理，各部门、班组将年度应急演练计划提交到平台，平台自动跟催相应责任人组织完成应急演练工作，逾期未进行的应急演练将被记录留痕。

应急演练责任人申请发起应急演练时，提交应急演练计划，由上级管理部门或安全管理部门进行审核。方案获得批准后，应急演练责任人组织培训，培训合格后组织实施演练，最后由上级管理部门、安全管理部门或参加演练的领导对演练的过程和结果进行评价。所有涉及审批和签字的流程均可以在平台上完成，平台自动存档相关记录。欧依安盾安全智能化管控平台支持应急演练的全流程管理示意如图 5-54 所示。

1.LEC（Likelihood, Exposure, Consequence，事故发生的可能性、人员暴露于危险环境中的频繁程度、一旦发生事故可能造成的后果）

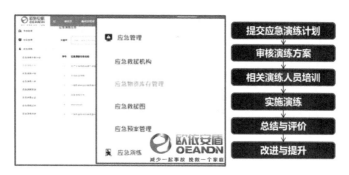

图5-54　欧依安盾安全智能化管控平台支持应急演练的全流程管理示意

（7）应支持安全事件威胁度和响应优先级诊断，支持安全应急联动

① 名词解释

应急联动：是指在紧急情况下，各个相关部门或机构之间相互协调、协同应对的一种合作方式。在应急联动中，各个相关部门或机构之间通常会通过紧急通信系统或实时信息共享平台进行联系和协调。例如，当发生突发事件时，消防部门、政府部门和医疗部门等相关部门可以立即联动，共同应对突发事件。应急联动可以提高应对突发事件的能力和效率，确保社会的安全和稳定。

② 条款解读

➢ 应具备评定安全事件威胁度的能力。

➢ 应具备响应优先级排序的能力。

➢ 应具备智能化调度安全应急资源的能力。

（8）宜支持数字孪生辅助决策，视觉、语音等交互

① 名词解释

数字孪生：是指充分利用物理模型、传感器更新、运行历史等数据，集成多学科、多物理量、多尺度和多概率的仿真过程，在虚拟空间中完成映射，从而反映相对应的实体装备的全生命周期过程。数字孪生是一种超越现实的概念，可以被视为一个或多个重要的、彼此依赖的装备系统的数字映射系统。

② 条款解读

➢ 应具备虚实数据串联的能力。

➢ 应具备虚实映射的能力。

➢ 应具备辅助决策信息推送的能力。

➢ 应具备数据信息可视化的能力。

➢ 应具备语音交互的能力。

③ 平台案例：欧依安盾防

欧依安盾防通过防人因失误去噪耳机、防人因失误单兵计算机和高速高清远程音视频协同系统，实现了视觉、语音的远程协同交互，结合数字孪生进行辅助决策。

技术优势：通过人工智能技术实现工业场景的沟通去噪，避免噪声场所的沟通不畅发生安全事故。

欧依安盾防人因失误单兵3件套装备示意如图5-55所示。

图5-55　欧依安盾防人因失误单兵3件套装备示意

十七、环保管控

1. 定义

环保管控是指企业在生产制造过程中，对会给自然环境产生危害的有害物质进行处理的过程，以及对处理过程进行管理。

2. 环保管控的价值

环保管控数据采集的价值在于提供有效的信息基础，可以支持环境保护工作的决策制定、监测评估和公众参与等方面。具体来说，环保管控数据采集的价值主要表现在以下5个方面。

➢ 可以对环境质量进行监测和评估，了解环境的污染程度和变化趋势等，为环境治理提供科学依据。

➢ 可以为环境规划和决策提供可靠的数据支持，帮助制定合理的环境保护策略和措施。

➢ 通过实时采集环境数据，可以及时发现环境风险，预警环境事件的发生，并采取相应的应急措施,保护公众的生命安全和健康。

➢ 可以监督评估企业、组织和个人的环境行为,查处和惩罚环境违法行为,提高环境监管和执法的效率与公正性。

➢ 通过将采集的环境数据向公众开放,可以增加公众对环境问题的了解和关注,促进公众参与环境治理的积极性和主动性。

3. 标准条款

(1) 应支持开展污染源分类管理

① 名词解释

污染源是指造成环境污染的污染物发生源,通常指向环境排放有害物质或对环境产生有害影响的场所、设备、装置或人。任何以不适当的浓度、数量、速度、形态和途径进入环境系统并对环境产生污染或破坏的物质或能量,统称为污染物,可分为天然污染源、大气污染源、人为污染源和工业污染源等。

② 条款解读

➢ 应具备污染源分类管理的功能模块。

➢ 应具备污染源分类规则文件。

➢ 应具备污染源分类内置分类模型。

③ 能力要点

➢ 是否具备在线调取污染源分类规则的文件。

➢ 模块面板是否支持对外的服务需求。

➢ 是否能够对污染源进行准确分类。

(2) 应支持碳排放、三废排放等环境数据的实时监测、分析展示、预警、追溯

① 名词解释

碳排放是关于温室气体排放的一个总称或简称。温室气体中最主要的组成部分是二氧化碳(CO_2),因此,人们简单地将"碳排放"理解为"二氧化碳排放"。

三废排放:工业生产排出的废气中含有一氧化碳、二氧化碳、苯肼芘、硫化氢、氮氧化物、氟化氢、氯化氢、甲醛和氨气等有害气体;含有原油或石油制品的废水,含碱或硫化物的废水,含重金属(例如,铬、镉、镍、铜等)离子的废水,含酸、碱、氰化物的废水,以及热水等;固体废物为被丢弃的固体和泥状物质,其中有些是从废水和废气中分离出来的固体颗粒等。

② 条款解读

➢ 应具备采集处理碳排放、三废排放等环境数据的能力。

- 应具备对环境数据进行实时监测的能力。
- 应具备对环境数据进行分析展示的能力。
- 具备对环境异常情况进行预警的能力。
- 具备对环境问题的来源进行追溯的能力。

③ 能力要点

- 是否具备碳排放、三废排放等环境数据库。
- 是否能够实现对环境数据的实时采集和分析,以及采集处理频率。
- 是否具备环境数据分析的相关模型。
- 是否能够对异常数据进行识别和发现,并进行预警。
- 是否能够找到异常数据的来源和发生原因。

(3) 应支持与政府环保监控部门的数据对接

① 名词解释

数据对接是将己方收集到的用户数据转化为平台方要求的数据格式上传的一种方式。

② 条款解读

- 应具备对外的数据接口。
- 应具备转换数据格式的能力。

③ 能力要点

- 是否具有自身数据的存储管理数据库系统。
- 是否开放对外的数据传输接口。
- 是否具备协议/语义转换的相关工具。
- 是否能够实现与政府环保监控部门的平台的数据上传和下载。

十八、园区管理

1. 定义

园区管理是指对一个特定的园区、场所或区域进行全面规划、组织、协调、监督和服务的管理活动。其目的是实现园区内资源的合理利用、维持环境的良好状态、促进企业的发展和产业链的提升。

2. 园区管理的价值

促进经济发展:园区管理可以提供一系列的支持和服务,吸引企业入驻园区,促进产业聚集和发展,创造就业机会,推动经济的增长和发展。

优化资源配置：园区管理可以通过合理规划和管理，优化园区内资源的配置和利用，提高资源利用效率，减少资源浪费，实现资源的可持续利用。

促进创新和技术进步：园区管理可以提供技术支持和创新服务，促进企业之间的技术交流和合作，推动技术创新和进步，提高园区内的企业竞争力。

建设现代化产业体系：加快发展数字经济，促进数字经济和实体经济的深度融合，打造具有国际竞争力的数字产业集群。

3. 标准条款

（1）应提供双重预防、重大危险源监控、封闭管理、敏捷应急等安全管控服务

条款解读如下。

双重预防：既要预防和避免潜在的问题和风险，也要准备应对可能发生的问题和风险。这要求企业的平台产品能够提供风险管控与隐患排查服务，通过同时采取预防性和防范性措施，从源头上杜绝事故的发生，并在事故防范措施不足时，通过备用安全措施进行补救，以确保企业生产过程中的安全稳定运行。

重大危险源监控：通过平台产品提供的监测与预警服务，对园区内的重大危险源进行实时监控和风险评估，以确保针对潜在危险能够及时采取预防和防范措施，从源头上杜绝重大事故的发生，并在危险情况下通过备用安全措施进行应急处理，确保园区安全稳定地运行。这要求企业的平台产品能够提供重大危险源监测服务，能够实时监测和评估园区内的重大危险源，提供准确的预警信息和风险评估报告，以及及时传递警报信息给相关部门。

封闭管理：通过实施安全隔离措施，对园区进行严格管控，确保未经授权的人员无法进入园区内部。其目的在于保护园区内重要信息和设施的安全，防止未经许可的人员和设备进入，从而预防潜在风险和安全威胁。这要求企业的平台产品能够提供封闭管理服务，包括园区边界设备和防护措施的监控、安全准入认证、访问权限控制、安全巡逻和监视等功能。

敏捷应急：通过实时监测和预警服务，对园区内的突发事件和紧急情况进行快速响应和处理，以保障园区的安全稳定运行。这要求企业的平台产品能够实时监测园区内的关键设施和设备状态，提供准确的预警信息和紧急事件报告，并能够及时传递警报信息给相关部门和人员。

（2）应提供碳排放监测、碳超标预警、碳排放配额、碳排放交易等能源管控服务

① 条款解读

碳排放监测：通过工业互联网平台提供的监测与预警服务，对园区内的碳排放情况进行实时监测和评估，以确保碳排放达到一定阈值时能够及时采取减排措施，从源头上

降低碳排放量，实现低碳运营和环保目标。这要求企业的平台产品能够提供碳排放监测服务，能够实时监测和评估园区内各个环节的碳排放情况，提供准确的碳排放数据和预警信息，并能够及时传递报警信息给相关部门。

碳超标预警：通过工业互联网平台提供的监测与预警服务，对园区内的碳排放情况进行实时监测和评估，当碳排放超过预定阈值时能够及时发出预警，以提醒相关部门采取减排措施，降低碳排放量，实现环保目标。这要求企业的平台产品能够提供碳超标预警服务，实时监测和评估园区内的碳排放数据，及时发现超标情况，并通过预警信息传递给相关部门。

碳排放配额：通过工业互联网平台提供的监测与管理服务，对园区内的碳排放进行实时监测和评估，根据相关法规和政策制定的碳排放配额进行限制和管理，以实现碳排放的有效控制和减排目标。这要求企业的平台产品能够提供碳排放配额管理服务，实时监测和评估园区内的碳排放数据，根据碳排放配额设定相应的限制和控制措施，确保园区碳排放不超过允许的配额。

碳排放交易：对园区内的碳排放进行交易和管理，包括购买和出售碳排放配额、碳排放权益等，以实现碳排放的市场化管理和减排目标。这要求企业的平台产品能够提供碳排放交易服务，建立碳交易平台，促进碳排放权益的交易和转让，确保园区内的碳排放控制和减排目标的实现。

② 平台案例：水泥行业碳资产管理平台

山东东华水泥有限公司与浪潮工业互联网股份有限公司共同打造水泥行业碳资产管理平台，能够制订碳排放管控、低碳转型目标与阶段性计划，实现碳管制度体系建设、碳排放精细化管理、碳资产管理和碳排放预测等，符合条款要求的关键内容。碳资产管理系统示意如图5-56所示。

图5-56 碳资产管理系统示意

（3）应提供公用工程与设施管理、园区车辆管理、人员管理等服务

① 条款解读

公用工程与设施管理：通过工业互联网平台对园区内的公用工程与设施进行监控和运维管理，以确保公用设施的正常运行和高效利用。这要求企业的平台产品能够提供公用工程与设施管理服务，实时监控公用设施的运行状态，及时发现故障并进行维修和维护，确保园区内的公用设施正常运行。

园区车辆管理和人员管理：通过工业互联网平台实时监控和管理园区内的车辆和人员，这要求企业的平台产品能够实时监控车辆或人员的位置与动向，提供准确的车辆或人员信息和监控报告，及时传递警报信息给相关部门，以确保园区的安全运转。

② 平台案例：某园区公共服务平台

某园区公共服务平台综合使用物联网技术、数据分析与大数据技术、车辆调度与监控系统、人力资源管理软件及智能安防系统等，实现公用工程与设施管理、园区车辆管理和人员管理，提高管理效率、降低成本，并为园区提供更安全、更便捷和可持续的管理服务，符合条款要求的关键内容。某园区公共服务平台示意如图5-57所示。

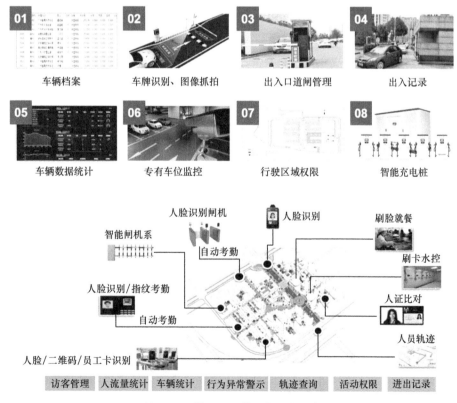

图5-57 某园区公共服务平台示意

（4）应提供产业链图谱、产业链治理、企业画像等产业监测服务

① 条款解读

产业链图谱：通过工业互联网平台提供的数据可视化服务，将园区内各个环节的产业链信息以图谱的形式展现，包括供应商、生产环节、加工制造和配送物流等，以便企业全面了解产业链的运行状态和关联关系，实现生产过程的全面管控和优化。这要求企业的平台产品能够提供产业链图谱功能，能够实时采集和整合园区内各环节的数据，并将其以图谱的形式展现出来。

产业链治理：通过工业互联网平台提供的综合管理服务，对园区内的产业链进行全面监控、协调和优化，以实现生产过程的高效、安全和可持续运行。这要求企业的平台产品能够提供产业链治理功能，能够实时监测和评估园区内各环节的运行状态，发现潜在问题并提供预警信息，同时支持协同决策与协作，以实现产业链上下游企业的紧密配合与资源优化。

企业画像：通过工业互联网平台提供的综合信息汇总与分析服务，对园区内的企业进行全面的描述和分析，以便深入了解企业的运营情况、特点和潜在风险。这要求企业的平台产品能够提供企业画像功能，整合和分析园区内企业的关键数据，包括生产规模、产能利用率、生产效率、用能状况和环保指标等，提供准确的企业概况和特征。

② 平台案例：某园区公共服务平台

某园区公共服务平台提供产业链图谱、产业链治理和企业画像等产业监测服务，可以实现对产业链的全面监测和分析，为园区管理者提供有价值的信息和决策支持，提高产业链的效率、质量和竞争力，符合条款要求的关键内容。产业大脑示意如图5-58所示。

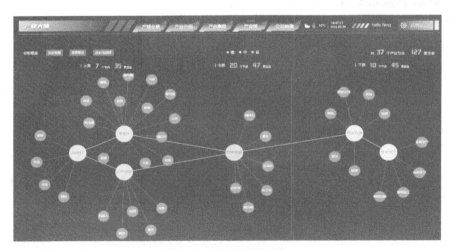

图5-58　产业大脑示意

（5）宜提供招商数据库、招商推荐、对标分析等服务

① 条款解读

招商数据库：是一个记录和管理招商项目信息的数据库系统，是指通过工业互联网平台提供的招商信息整合与管理服务，供园区管理者、企业管理者及招商机构等参考和查询。这要求企业的平台产品能够提供招商数据库功能，实现对招商信息的收集、整合和管理，包括但不限于招商计划、项目介绍、投资规模、产业类型、合作方式和联系方式等。

招商推荐：根据企业的需求和条件，向其推荐适合的招商项目。这要求企业的平台产品能够提供招商推荐功能，基于企业需求和园区特点，通过数据分析与挖掘技术，向潜在合作企业推送符合其需求的招商信息。

对标分析：对不同园区之间或同一园区内的不同企业数据进行对比，帮助园区管理者了解园区内企业的运营状况与行业水平相比较的优势和差距，并提供相应的改进建议和优化方案。这要求企业的平台产品能够提供对标分析功能，通过对园区内企业的运营数据和行业标准进行对比，分析企业的竞争力和发展潜力。

② 平台案例：某园区工业互联网平台

某园区工业互联网平台可以为园区管理者在招商工作中提供有力的数据库管理、个性化推荐和对标分析服务，能够更加精确地了解企业需求、优化招商流程，并为企业提供更好的招商服务，符合条款要求的关键内容。某园区工业互联网平台提供的招商服务如图5-59所示。

图5-59 某园区工业互联网平台提供的招商服务

（6）宜提供供应链金融、绿色金融、数据风控等产业金融服务

条款解读如下。

供应链金融：为园区内企业的供应链环节提供融资和资金管理支持，包括供应链融资、应收账款融资和库存融资等，以优化资金流动，提高供应链效率和降低融资成本。这要求企业的平台产品能够提供供应链金融服务，支持多种金融产品和服务，例如，供应链融资、应收账款融资、库存融资等，以满足不同企业的融资需求。平台应确保供应链金融交易的安全、透明和高效运行，提供可靠的资金管理和风险控制措施。

绿色金融：以可持续发展为导向的金融服务，旨在促进环保友好型、低碳型经济的发展。这要求企业的平台产品能够提供绿色金融服务，支持绿色债券等金融工具的发行和交易，提供针对绿色项目和企业的融资解决方案。平台需要遵循环保和可持续发展原则，确保资金流向符合绿色金融标准和要求的企业，增加对环保项目的投资。

数据风控：利用大数据和数据分析技术对风险进行评估和控制的方法。这要求企业的平台产品能够提供全面的数据风控服务，包括数据采集、数据质量验证、数据安全加密和数据合规性监管等，确保产业链内的企业的数据流程规范、可信度高，并满足相关法律法规和标准的要求。

结语

感谢您使用本书。

通过本书,我们希望您能深入了解和掌握工业互联网平台方向的核心概念、技术和应用,助力数字化转型,实现工业互联网快速发展。

在编写本书的过程中,我们始终秉持严谨和专业的态度,努力确保所呈现内容的准确性和实用性。我们衷心希望,通过本书的学习,您能受益并获得专业知识与实践经验。

尽管我们在编写本书的过程中已经尽力搜集和整理了大量资料,但由于工业互联网平台技术的复杂性和迭代更新的特点,本书仍有可能存在不足之处。我们诚挚地欢迎您对本书提出宝贵意见和建议,以便本书在今后的再版工作中得到完善。

此外,我们还要特别感谢在本书出版过程中给予大力支持和协助的各位作者、专家和合作伙伴。没有他们的努力和贡献,本书将无法如期面世。

最后,再次感谢您阅读本书。我们期待与您在未来的学习和工作过程中继续交流与合作,共同推进数字化转型与工业互联网平台的发展。